ライト
ウォーリア11

アセンションプロセス

はじめに

波動で人は豊かになる。

自分らしく生き、やりたいことが実現していく。
自分が幸せになって、周りの人たちも幸せになっていく。

人は本来、みんなが優しく、幸せで、豊かです。子どもは何も教えていないのに親の手伝いをします。それは、シンプルな思想で動き、幸せに生きる本能があるためです。

たとえば、親である私たちが洗濯物を畳んでいたとします。すると近くにいる好奇心旺盛な子どもは、洗濯物を一緒に畳みます。そして畳み終わった後、親の顔を見ます。親の顔が笑顔なら、子どもも笑顔になります。

子どもの「やりたい！」という動機によって、親も笑顔になり、子ども自身も笑顔になります。

これは「より良い波動が共鳴した」という証拠です。

私たちは、この、より良い波動が循環する社会を創りたいと思っています。しかし今の世の中では、良い波動で生きることができない人たちもいます。とはいえ、その人たちが悪いわけではありません。

仕事や家事で忙しい中、心の余裕がなくなり、人間本来のシンプルな考え方である「良い波動で生きること」を忘れてしまうんです。その人が願ったことではなく、さまざまな社会的な影響で、そうなってしまうんです。

しかし今からの時代、必ず良い時代が来ます。いわゆる「風の時代」ですね。優しい世界が訪れます。

その時代のキーワードの1つが、波動です。

波動を上げれば、あなたの人生は好転していきます。良い波動を受け取れば、あなたは良い波動で満たされ、その波動が他の人たちに伝播していきます。

つまりあなたの幸せが、他の人たちの幸せにもなるのです。

本書は、良い波動で人生が変わり、他の人たちに良い波動のお裾分けをしたい人たちが集まり、「波動を上げる方法」を記しました。

11通りの波動アップ法が書かれています。

違う地域に住み、さまざまな経験をした方々ですが、最終的な気づきは皆一緒です。

料理で波動を上げる方法もあれば、お着物で波動を上げる方法もあります。やり方はさまざまですね。

もし本書をお読みの方が、「自分の波動を上げたい」と思うなら、自分に合った波動アップ法を探してみてください。

11通りもあれば、どれかピンと来る方法が見つかるはずです！

では、あなたも波動を上げる戦士の仲間になって、地球の波動を上げましょう！

アセンションプロセス　編集部

目次

第 1 章

負の感情は人生のギフト

～鈴木松夫～

サイキック能力の自覚

はじめまして。「サイキック」と呼ばれる、超感覚な能力を活用し、さまざまな現実に悩む人に対して、ガイドからのメッセージを伝えることで、問題解決の手助けをしている、鈴木松夫と申します。

私たち一人ひとりには、ガイド（守護霊とも呼ばれる存在）が付いています。ガイドは、私たちの魂の成長をサポートしてくれているのですが、私はそのガイドからのメッセージを、クライアントの方々にお伝えしています。

数年前に「この仕事をする時期が来た」と感じて、長く勤めた会社をやめて起業しました。とはいえ、私はずっと、自分の「サイキック能力」を自覚していませんでした。今にして思えば、伏線として、随分前にご縁をいただいた霊媒師の方との出会いがあったと感じます。

私の生みの母は、私を産んだ次の日に亡くなっているのですが、その霊媒師さんに母からのメッセージを伝えてもらったことがありました。

「あなたが無事に生まれたことを確認してから亡くなったことを忘れないでほしい」

「今の両親（育ての親）に感謝しなさい」

その時の私には、「素直な魂からのメッセージ」に感じ、心に響きました。そこから少しずつではあるものの、直感的にサイキック能力を持っているのかもしれないという気づきがあり、徐々にその実感が高まっていきました。

そしていつしか私も〝魂の言葉〟で、人生に迷っている人のサポートをしたいと強く願うようになったのです。

ただ、仕事として活かすためには、適切な訓練を受ける必要があり、私は世界的に権威ある方から直接指導を受け、より明確にスピリット界と繋がる方法を学びました。直感だけでなく、リアルな体感を伴う繋がり方を習得したのです。

でも、リーディングをしている私は、特別な存在ではありません。クライアントのガ

イドが、クライアントに伝えようとしていることをそのままお話ししているだけです。郵便でいうところの、配達員に過ぎないのです。

出来事の両面性　～私の出生～

生きていると、実に様々な負の感情と向き合います。

負の感情には、とっさに湧き上がる反射的なものがあれば、心の中にずっと抱え込んでいる「お付き合いの長いもの」もあります。この、お付き合いの長い負の感情を手放すことは、「ゆるし」とも言われています。

長く抱える負の感情は、幼少期の環境や育てられ方に起因していることも多く、それだけ幼い時の親をはじめとした取り巻く人というのは、その後の人生に大きな影響を及ぼすと言えます。

私は、母が亡くなった後、縁あって養父母に育てられました。

私が周りの人に、養子であることやその経緯を話すと、ネガティブに捉えられることが多かったように思います。一般的には養子になるというよりも、実の親に育てられていないことが、ネガティブな出来事と見なされがちなのかもしれません。私自身も小学校6年生の時に、父から養子であることを打ち明けられた時は、すぐには受け入れられないほどの衝撃を受けました。

養子になった経緯や、養子である事実を告げられる状況次第では、自分が養子であることを肯定的に受け入れられない人もいると思います。私が、「生みの母が亡くなり、生みの親に育ててもらえなかった」ということに焦点を合わせていたとしたら、この出来事は大きな負の感情を伴うことになり、人生に暗い影を落としていたかもしれません。

でも、私にとっては、母が命をかけて私を産んでくれたこと、養父母に育ててもらったことすべてがギフトなのです。

養子になる経緯や事情は様々だと思います。私の場合、養父母は幼い頃の私に、「親戚のおじさん」という口実をつけて、生みの父親と会う機会を作ってくれていました。養子縁組の家庭では、実の両親に会える・会えないという話以前に、養子である事実を告げないケースもあると聞きます。

ずっと知らされずに生きてきて、ある時何かの拍子に養子である事実を知ってしまって、裏切られたという思いに苛(さいな)まれている人の話を聞いたことがあります。子どもの立場としては、正直にすべて話してほしいという気持ちもわかります。

その養父母は、「生みの両親に捨てられた」と思ってほしくなかったという気持ちから、子どもに真実を伝えないという決断をした、いわば親心だったのです。

自分にとって、どんなにネガティブに思われる出来事でさえ、“誰かの想いや愛”といった目に見えないものも含めて、そこには必ず何かしらのポジティブな側面も存在しています。

出生や育ちに限らず、人生におけるすべての出来事は、ネガティブな側面しか存在しないということは、絶対にないのだと感じます。そこには、自分では思いもつかないような側面が必ず存在しているはずです。

物事は見る角度によって全く異なる映り方をすることがあります。それまで知らなかった事情を知ったことで、相手や状況を見る目が180度（まではいかなかったとしても）変わったという経験は、誰にでもあるのではないでしょうか。

大きな負の感情を、出来事そのものや、それに関わる相手に対して抱いていたとして

も、それは他ならぬ自分自身を追い込み、苦しめています。そういった意味では、負の感情と向き合い解放する〝ゆるしを進めること〟は、相手のためではなく、自分のためなのです。

そして、こうした負の感情をずっと抱え続けていること自体が、ある視点から捉えると、実はとても大きな意味をもっています。

過去の囚われへのアプローチ方法

どれだけ前を向きたいと思っていても、過去に囚われてしまって抜け出せない人もいると思います。もしかすると、この本を読んでいるあなたもそうかもしれません。

「私たちは、何かの課題に取り組むという目的をもって何度も生まれ変わってくる。生まれる前に、人生の大まかなシナリオを自分で決めてきている。そして、人生で関わる人々の魂とも、事前にどんな役割を担うかについて、お互いに合意している」という話を聞いたことがあるでしょうか。

向き合いたくないと思うような出来事を経験することを、自ら選んでいるのだとすれば、どうしてそれを人生に組み入れたのか、そこから何を学んだのか、どんな成長が遂げられたのか、といった意味を見出す作業をしてみると、これまで見えなかったものが見えてくると思います。

もちろん、人生における課題や、大まかなシナリオについて、無理に信じる必要はありません。でも、ある特定の出来事に対して「私は被害者（犠牲者）だ」と感じているとしたら、こうした話を一旦受け止めてみることで、過去の囚われからの解放につながることもあります。

何かの出来事によって誰かに負の感情を抱いていたとしても、実は相手はあなたの魂の成長のために、合意した役割を担っているに過ぎないのです。

そして、もう1つ大事なことは、とても大きな負の感情を手放すには、それ相応の時間を要するということです。

その人の魂が、「今回の人生では、これと向き合う」という課題を選び、決めてきているということは、ある意味で弱点とも言えるわけです。それを克服するとなると、一筋縄ではいかないと考えた方がいいでしょう。

だから、それに関連した負の感情に囚われることは、実は問題ではありません。そうなると、負の感情を解放するまでに要する時間も含めて、シナリオに組み込まれている可能性があります。

負の感情に囚われるのは、今世のその人にとって向き合うべき何らかの課題がそこにあるから。いとも簡単にすんなりと乗り越えられる課題では、わざわざ向き合ったり、そもそも課題として設定したりする必要がありません。

「この出来事から学ぶことがあるとしたら、それは何だろう?」と考えてみることは、課題に気づき、乗り越え、そして負の感情を手放すための一歩を踏み出すことになります。

過去の出来事そのものをなかったことにはできません。変えられるのは、その出来事に対する自分の捉え方だけです。自分で選んで決めてきているからこそ、どんなことでも答えは必ず自分の内側にあります。

私の実体験をお伝えします。

私は知人にお金を貸したことに端を発して、最終的に自己破産に至った経験がありま す。自己破産した当時は「なぜ貸してしまったのだろう。貸さなければよかった」「相手に誠意がない」「自分に見る目がなかった」と、相手や自分を責める気持ちが渦巻き、極端に負の感情が高まっていました。

自己破産という大きな出来事だったので、負の感情も相当なものでした。そのような負の感情は、すぐには消え去ることはありません。

「時間が解決してくれる」という言葉がありますが、人生におけるインパクトのある出来事は、少しずつでも気持ちを落ち着かせて、冷静に受け止められるようになる時間が必要だと感じます。

負の出来事に直面したばかりの時は、自分の魂としての課題だと受け入れるだけの気持ちになることなど、到底できません。

私が自己破産した後に、ある程度の時間を経てから、「自分でその出来事を決めて生まれてきた」という”仕組み”に触れることになったのも、偶然ではないのだと感じます。

私は、自己破産を経験することで、自分の弱さに気づきました。途中で相手との関係を断ち切ることもできたはずでしたが、負の連鎖から抜け出すことはできませんでした。自己破産に至ってはじめて、自分が向き合うべきことに真摯に向き合えるようになったのです。

この経験を通して、本当の優しさや強さとは何なのかを考えるようになりました。ささいな日常のことでは、人はなかなか自分と向き合おうとしません。「しょうがない」と諦めてしまいがちです。大きな出来事や、繰り返し悩まされる問題がなければ、自分の課題と向き合う方向に進めないと思います。

だからこそ、大きな負の感情を抱えることには、そこに何か必ず意味があるはずなのです。

私の仕事

現在、私はリーディングセッションをしています。

生きている限り、必ず問題は起きます。問題に直面した時に、迷ったり行き詰まったりして立ち止まり、前に進めなくなることがあります。そんな時、手がかりがないと、どこに進めばよいのかわかりません。

セッションでは、クライアントとクライアントのガイド、そして私の三者による対話を通して、ガイドから投げ掛けられるメッセージをもとに、クライアント自身がより良い決断と行動ができるようなキッカケを作っていきます。

ガイドからのメッセージはとても端的です。一方で、手取り足取り、「ああしなさい、こうしなさい」といったことは示してきません。最も気に留めておかなければならないのは、“私たちは天界の操り人形ではない”ということです。すべて細かく指示されたとおりに行動していたのでは、生まれてくる意味がありません。

ガイドのメッセージは、その人の魂の成長を願った“深い愛のメッセージ”です。最終的にはそのメッセージを通して、自分自身で人生を切り開くことが何より大切です。

そして、私の元に来られるクライアントは、その人のガイドがご縁を授けてくれていると感じます。世の中には様々な、いわゆる伝える側の人がいますが、ある特定の人にピンときたということは、ガイドがご縁をつないでくれている可能性が高いのです。

リーディングでは、目の前の問題とどう向き合えばいいのか、道筋はつけられますが、根本的な”その人の在り方”に起因しているケースもあり、そういった方には、さらに掘り下げてアプローチするコーチングも行っています。その人の現在の価値観や観念は、生い立ちの影響が大きいので、そこを紐解いていきます。

私がクライアントの皆さんに望むことは、「自分が生まれてきた目的やミッションを知り、ミッションを遂行することで自分らしく生きてもらうこと」です。自分らしさを発揮することができるようになると、人生も好転していきます。

最後になりますが、今回私が伝えたいメッセージは、「負の感情は、生き方を変えるためのギフトである」ということです。怒りや悲しみ、後悔や自責など、負の感情は誰もが手放したいと思うものです。しかし、それを抱いているということは、裏を返せば「そこから何かの気づきを得たり、何かを学んだりすることができる」ということでもあります。

もし今、あなたにとても大きな負の感情があるとしたら、その中に、本当のあなたを生き抜く答えが隠されています。

鈴木 松夫プロフィール

龍乃助　鈴木 松夫
サイキックリーダー

ガイド（守護霊）のメッセージを伝える「リーディングセッション」を提供。

現実における悩みや問題に関するパーソナルリーディングのほか、魂の目的や過去世のリーディングも行っている。

○ＨＰ
https://ryu-no-suke.com/

第 2 章

料理で波動は上がる

〜中辻正子〜

はじめまして、中辻と申します。

私を一言で表現するなら、「愛情を込めた手料理で波動を上げる人」と伝えます！笑

私はこの本の中で「料理をする全ての人」に、以下のメッセージを届けたいと思います。

「愛情を込めた手料理が、周りの人を健康と幸福にする」

栄養バランスの取れた手料理を作ったり、食べたりすればあなたは豊かになっていきます。食事の大切さに気づき、美味しい料理を作る重要さを知っていただければ嬉しいです。

食べることは体にとても大事です。体は食べ物でできていますので、食事をどう摂るかによって体の状態が大きく変わってきます。だから、手作りの料理がとても大切だと思っています。

まず、私が思う愛情のこもった料理というのは、「作ってあげたい」という気持ちを持って手作りするモノだと思っています。例えば、私の母親が手作りしてくれたご飯はいつまでも美味しいですし、幸せを感じます。

それが美味しかったですし、なんと言うか安心感を与えてくれました。もし、母が料理を手作りしてくれていなかったら、今の私はいなかったかもしれません。大袈裟かもしれませんが、そうやって言えるほど、私にとって大切なことでした。

愛情がこもった手作りのご飯を食べていたからこそ、今の私がいるんです。だから、私は今の仕事でもその愛情を大切にしていますし、それを伝えたいと思っています。

工夫して手作り料理を振る舞う

私が伝えたいことの1つは、忙しい中でも食事を作ることの大切さです。特にお母さんたちは料理を作ることが多いと思いますが、お母さんこそ多忙なことが大半だと思うんです。

一部のお母さんを除けば、働きながら料理を作ることが多いはず。忙しいと、つい塩分や油を取りすぎる手軽な料理をしがちだと思いますが、その概念を私は変えたいんです。

忙しくても、真心がこもった健康的な手料理を作ることができます。そのためのファーストステップは、知ること・気づくことです。

私は、「調理器具の大切さ」に気づいたことが今の仕事に繋がっています。栄養が壊されず、しっかり体に吸収される安心で簡単な調理器具に出会いました。すると栄養を最大限に摂取できるようになりました。また、美味しいものを作るためにたくさんの調味料を使う必要がなく、野菜そのものの味を楽しめることがわかったんです。

この経験を通じて、「知ることの大切さ」を実感しました。知ることで、体に良い食事を摂ることができるし、それが日常生活に良い影響を与えたんです。だからこそ、この本を通じて、多くの人にこのことを知ってもらいたいと思っています。

愛情を込めた料理という言葉は、ただ料理を作ること以上の意味があります。美味しい料理を作るだけではなく、その料理に込められた想いや気持ちが食べる人に良い波動を伝えるのだと思います。これは料理を作る人の気分や態度が、出来上がる料理に大きく影響することからも分かります。

例えば、「怒りで手が震えながら作った料理、悲しくて涙を流しながら作った料理」と「食べる人を喜ばせたいという思いで作られた料理」は、見た目は同じかもしれません。しかし、その裏側にある想いが違うと思いませんか？

食べる人に気持ちが伝わり、その人の心に良い影響を与えます。ポジティブな気持ちで作られた料理は、食べる人の気持ちを明るくするし、元気にさせる波動があります。

愛情を込めた料理を食べた時、食べる人は口の中でその想いを感じることができ、嬉しい気持ちが体中に広がります。美味しい料理を食べることで元気になり、ポジティブな感情が生まれるのです。

さらに、美味しい料理を食べることで何かに挑戦する意欲が湧いたり、新しい食材や料理にも挑戦してみようという気持ちが芽生えたりします。

一方で、食べること自体は日常的な行為なため、楽しむというより、一種のルーティーンとしてお腹を満たすために食べている人も少なくありません。

しかし食べることは誰にとっても日常的な行為ですが、そこから元気につなげることができます。

食べることは生きることです。整った食事をすることで、体も心も整い、メンタルも強くなります。ですから、食事はとても大切なんです。例えば、もしも添加物ばかりの食事をしていたら、体に不調が起こります。質の悪い調理器具を使うことも問題です。

わかりやすい話で言えば、テフロン加工のフライパンを使うと、剥がれた破片はどうなると思いますか？

その破片は調理している時に食事に混じってしまうんです。冷静に考えれば当たり前ですが、その破片が体の中に入ると想像したら、怖くありませんか？

現代人の食事に関する問題点は、多くの人が調理器具や食材の質に無頓着であることです。

とはいえ、テフロン加工のフライパンは便利なため、多くの家庭で使われています。油の量を減らせますし、手入れが楽ですから。しかし、使っているうちに最初は油を使わなくてもよかったのに、剝がれてきたら油を使わないといけなくなります。剝がれてくると調理がしにくくなり、新しいフライパンに買い替える必要が出てきます。

すると、買い替えるたびにお金がかかります。そう考えると、一生涯保障の調理器具を使うのが良いのではないかと思います。私は実際にそういう調理器具を扱っていて、料理が安心して作れています。

使うかどうかは別として、こういう怖い現実があることと質の良い調理器具があるということを知ってほしいです。この本を読んで、「それって何?」と思ってもらえたら嬉しいです。

実際に、普通の調理器具と質の良い調理器具で、料理の味比べをしてみると、材質が金属変化を起こして味を変えていることがあります。本当にショッキングな話です。

子どもたちのために愛情を込めて料理を作っているのに、その材料に有害物質が混じっているかもしれないなんて悲しいですよね。

現代の家庭料理にはあまり使われていませんが、アルミの調理器具は柔らかい金属を使っているので、味に影響を与えることがあります。

プロの料理人のように私たち主婦は手間暇をかける余裕がないのでアルミが流れ出たり、味が変わってしまうと、美味しく食べる為に調味料をたくさん使うことになります。そうなると、添加物をたくさん摂取することになり、健康に悪影響を及ぼします。

節約という観点でも、質の良い調理器具は優れています。普通は鍋の一番下に硬いものを置いて調理しますが、その調理器具なら、蒸気と熱で覆われて調理するので、上に置いたジャガイモでもちゃんと火が通ります。お水もあまりいらず、ガス代も節約できますし、時短にも繋がり、調味料も少なくて済みます。

私が、健康に元気でいられるのは、こういった調理器具と出会ったからです。ただ、これを買って欲しいと言っているわけではありません。元気になってほしいという思いが根底にあるので、そのための手段として食事が大事だと思っています。

現代人の食事について考えると、冷凍食品や添加物が入った食事を食べ続けていると体に変化が現れます。特に添加物の影響が気になります。最近のニュースで、食品ロスを防ぐために賞味期限を8日間にしているおにぎりがあることを知りました。8日間持つためには、添加物が必要です。家で炊いたご飯が8日間保つなんてありえませんから。

私は料理の専門家でもなく、栄養の勉強をしているわけでもありません。しかし一般人の私から見ても、８日間持つおにぎりには不安を感じます。

今のスーパーでは、惣菜売り場が広がっています。特に高齢者の方が多く利用している光景を見かけます。惣菜の製造過程は見せてもらえませんが、賞味期限を保つためや味を良くするために、どんなものを入れて作られているのかと考えると少し怖いように思います。

本当に美味しい食べ物を知るためには、自分の味覚で判断できるようになることが大切です。安全に料理をしたり、食べたりするためには、まずは知識が必要です。

波動が上がる料理法

特定の料理法が波動を上げることに良い影響を与えるのであれば、「良いフライパンを使うこと」以外に、どんな調理法があるのでしょうか？

栄養バランスというと難しく聞こえますが、私は1日にたくさんの種類の食材を少しずつ食べることが大切だと思っています。好きなものだけを偏って食べるのではなく、毎日の食事にいろんな食材を取り入れていただきたいです。

食に対していろんな方々が関わっている食材を、試してみてください。たくさんの人の想いがあなた自身の体に入り、いい波動を受け取れると思います。

テレビで「これが良い！」と紹介されるその食材は、スーパーで売り切れるそうです。

それはかり食べても、体は質の良い食事のバランスでできているので、考え方や性格も偏ってしまいます。

もし嫌いなものがあれば、その栄養素を他の食べ物で補うようにしてみてください。無理に嫌いなものを食べる必要はありませんが、その栄養素を取れる他の食材を見つけることが大切です。

少し違う視点で考えれば、食べ物に感謝することもいい波動となる手段の1つだと思います。極端ですが、何かを食べるというのは、実はお金だったり労力がかかっていたりすることです。世の中には、食べたくても食べられない人もいます。そのような人たちのことを考えると、食べられることのありがたさを感じてほしいと思います。

感謝を持って食べることで、食べ物の見え方（価値）が変わります。愛情のこもった料理と同じように、表面的には見えないけれど、隠れたところに優しい想いがこめられていて、優しい気持ちにしてくれます。

食べることの一つの方法として、いろんな食材を試し、感謝を持って食べることが重要だと考えています。

食材の大切さと無駄なく使う方法

野菜の食べ方について、よく「野菜から先に食べた方がいい」と聞くことがありますが、私自身は特に順番にはこだわりません。好きなものを好きなように食べるのが一番だと思っています。

調理の方法については、たくさんの水で野菜を煮ると、水溶性の栄養が流れてしまうので注意が必要です。せっかく買ってきた大切な野菜や食材を無駄にせず、すべて体に取り入れてほしいと思います。そのために、野菜の煮汁を味噌汁などに使って、栄養を無駄にしないようにするのがいいと思います。

最近の食材や調味料には、品質改良が進んでいますが、それに伴って栄養価が低下していることもあります。例えば、昔は苦手な人が多かったニンジンも、今では食べやすく改良されています。

料理は体に取り入れるものですから、栄養が逃げないように工夫し、変化を起こさずにおいしく食べることを心がけています。それが、無駄を減らし、節約にもつながるのです。

私が今の仕事を始めてから11年になりますが、この調理器具と出会ってから14年になります。この14年間で考え続けてきたことを、今回こうしてお話しできることができて本当に嬉しく思います。

愛情を込めた料理のポイント

愛情を込めた料理を作る際のポイントについてお話しします。愛情のこもった料理を作るためには、まず食材を大切に扱うことが重要です。

野菜や食材を無駄にせず、全て体に取り入れることを心がけます。また、シンプルな調理法を心がけ、素材の味を生かすことも大切です。

言葉にするのは難しいですが、料理はその人の生き方や生活リズムに合わせて工夫することが大切です。一つの言葉でまとめられるものではありませんが、いくつかのポイントを紹介します。

まず、料理を食べる相手のことを考えてみましょう。

「今日は誰のために美味しいものを作ろうか」という気持ちを持つことが大切です。時には相手のために美味しい料理を振る舞うことを考えてみましょう。

例えば、外で買ってきたおかずや惣菜をそのまま出すのではなく、雰囲気の良いお皿に盛り付けたら美味しく見えるか、喜んでもらえるかを考えてみましょう。

そのようなちょっとした工夫が大切です。お皿に並べ替えるだけでも気持ちが伝わりますよね。この一手間が、買ってきたものでも心を込めた料理に変わるのです。

次に、食材の選び方についてですが、現代の忙しい生活リズムの中においては、スーパーで買うことが多いのは仕方がないことです。できれば無農薬や良い調味料、旬の食材を選ぶように心がけましょう。

完璧にするのは難しいかもしれませんが、少しでも工夫することで良い食事が取れるようになります。

決まったものばかりではなく、いろいろな種類の食材を食べるように心がけましょう。どうしても好きなものを買ってしまうことが多いですが、調理法を変えることでバランスを取ることができます。例えば、いつも焼いていたものを蒸してみたり、煮物を天ぷらにしてみたりなど、調理法を工夫することで新しい味を楽しむことができます。

料理は、自分自身の気持ちを込めて作ることが大切です。ちょっとした工夫で、いつもの食材が新しい料理に変わり、食事が楽しくなります。心を込めた料理を作ることで、自分も相手も幸せな気持ちになれるのです。

子どもが小さいと好き嫌いも多いですが、親としてはそれをどう克服するかが課題です。子どもが嫌いな食材でも、他の栄養豊富な食材に変えてあげることで、「食べられたね！」と褒めてあげられるんじゃないでしょうか。ちょっとした工夫が子どものやる気を引き出し、親も「良かった！」と嬉しくなります。良い波動が広がりますね。

ご飯の時間は、家庭の中でとても大事な時間です。機嫌の悪いお母さんが作るご飯を食べるのは、子どもにとっても苦しいことです。でも、お母さんも忙しくて大変ですよね。だからこそ、お母さんが少しでも楽しく料理できる工夫を見つけてほしいと思います。楽しい気持ちで食事をすることで、家族全員が幸せになります。

また健康的な体があってこそ、メンタルも良い状態を保つことができます。体が元気であれば、精神的に安定しやすくなります。私自身、子どもの頃には特定の食材に対する強い好き嫌いがありましたが、安全で健康的な料理が作れる調理器具に出会うことで、好き嫌いはなくなってきました。

最後に伝えたいのは、「何かを知れば、人生を良くするヒントが得られる」ということです。

私も今では食について多くのことを語れますが、それ以外のことについてはまだまだ知らないことが多いです。だからこそ、いろんな人の話を聞いたり知識や情報を知ったりすることが大切だと感じています。

家族の健康を守り、楽しい食卓を作るために、日々の食事にちょっとした工夫を取り入れてみましょう。食材や調理法を変えてみるだけで、新しい発見があるかもしれません。そして、何よりも楽しみながら料理をすることが、家族全員の幸せに繋がるのです。

これこそが素晴らしき家庭料理「手作りの力」です。

あなたの手作りの料理によって波動が上がることを願っています。

○中辻正子　インスタグラム
https://www.instagram.com/makocooking?igsh=bTJwcGFkZ3U4OHZl

第 3 章

最高の未来を作るために。

〜ユリ〜

柴谷ゆりと申します。

いきなりですが、私がこの本の中で伝えたいことがあります。それは、「母親である自分を大切にして、我慢せずに素直になることで、その波動が高まり、結果として旦那や子どもとの関係も良好になる」ということです。

自分が「作り出した思い込み」に囚われることなく、我慢せずにやりたいことをやれること。母親・妻などの役割に囚われず、甘える時は甘え、感情を出すことを抑えず、自分自身を好きになることで波動を上げることです。

なぜ、このようなことを伝えたいのか。女性ないしは母親がそのように生きることで、幸せになれると思っているからです。

この本では、私の経験談を踏まえ、女性が女性らしく素直に生きるためのヒントをお伝えしたいと思います。

思い込みの負のエネルギー

私はお母さんとして、女性としてこうあるべきという固定観念に縛られ、過ごしていた時期がありました。その中で、「～しなければならない」という思いが強すぎて自分を抑え込み、我慢してきた結果、自分のやりたいことや意見が言えなくなっていたのです。

固定観念に縛られた理由を振り返ってみると、自分の育った環境や職業が影響していたと思います。厳しい家庭環境や家族のために動く母親に憧れて育ちました。

大学では、理学療法士になるための勉強を通じて、「世の中の正解」に従った生き方を選んでいきました。そして実際、理学療法士として働きはじめると固定観念に縛られ、自分らしく生きることが難しくなっていきました。

プライベートでも、ますます自分のやりたいことを押さえ込むようになったのです。

とはいえ、お読みの方は、「ホントに固定観念なんて捨てれるの？」と思う人もいると思います。大丈夫です。安心してください。

あなたの波動は、誰かの波動から影響を受けますし、影響も与えます。それを意識することさえできれば、必ずいい波動の中で生きることになります。

私は「家族」が、いい波動で生きるためのキッカケになりました。しかし、多くの人は目の前に囚われ、いい波動で過ごすことに気づけません。

だから、いい波動になる手段に気づき、そのキッカケを掴むだけでいいんです。この本では、その気づきを伝えています。

「母親は○○ではいけない」という固定観念を捨て、何かに縛られているママさんが、一歩踏み出す勇気を持てれば幸いです。

さらに言えば私は、そのような過去の経験があったからこそ、今の旦那との素晴らしい関係が作れたのだと思っています。

何より私に寄り添い、支えてくれ、私の強い固定観念を解く協力をしてくれたのが旦那です。

旦那の支えがあったことで、その固定観念から解放され、素直な自分を取り戻すことができました。素直になることで、より楽に生きられるようになった経験を皆さんに伝えることで、同じように悩んでいる人たちに勇気を与えたいと思っています。

縛られ続けた過去

自分の人生を振り返ると、私は常に「正解・答え」を求め続けてきました。

自分自身の感情よりも、「他の人の正解」に囚われてしまっていました。高校時代は、三重の田舎で比較的自由に過ごしていました。父は厳しい一面もありましたが、その中でもこっそりと自由に遊ぶことができていました。理学療法士を目指すため大学に進学。無事に卒業して、理学療法士として人の体を良くする仕事に就きました。

仕事をしていくと、とある感情に囚われることになりました。

責任感から「こうあるべき」という思いが強くなったのです。理学療法士として、私のリハビリがうまくいかなければ、その人の人生が変わってしまうという重圧を感じていたのです。

十数年前の理学療法士の世界では、女性は少数派で、私が理学療法士になった頃も女性は全体の三分の一程度でした。職場の男性から厳しい言葉を受け、「女の弱味を見せるな。トイレで泣いてこい」と言われることもありました。

身長１５１㎝の私は、１６０㎝の男性患者を支えるのが難しく、男性より仕事が劣っていると評価されることもありました。

それでも私は負けずに頑張り続け、常に「仕事はやり切らなければいけない」と自分に言い聞かせていました。しかし、その努力が実らないことが起こると、私の中の何かが壊れていきます。今のご時世ならば、これらの言葉はパワハラとみなされるかもしれませんが、当時はそうではなく、厳しい環境の中で耐え抜いてきたのです。

このような経験を通じて、私は「こうあるべきだ」という考え方に固執し続け、その結果、自分に自信を持てなくなってしまいました。自分の人生を振り返ると、常に答えを求め続け、あるべき姿に囚われてしまっていたのです。

そのような環境に身を置けば、普段とは違う「もう一人の自分」を作り出していました。

頑張らなければ、評価されない。

他人の期待には、応えなければいけない。

そういった考え方でいると、「自分を強く見せる」ことが当たり前になり、本当の自分とは違う自分になっていきました。頑張って作り上げた自分です。

しかし、その姿は、他人からの評価を気にする自分であり、他人の人生を生きることになります。社会が押し付ける「こうあるべき」という価値観だったため、私の幸福度や豊かさは下がるばかり。体調を崩すこともありました。

寝れば治ると思ってごまかしていましたが、旅行に出掛けてリフレッシュしても心や内面はまったく豊かにならず、人間の真の部分から弱らせてしまうのだと感じました。

こうなると、表面的な手段では誤魔化せません。私自身は今、自由にさせてもらっていますが、子育てをしているママさんたちは自分が本当にやりたいことを抑え込んでしまっていることが多いと思います。その結果、ネガティブな感情に囚われてしまい、なかなか抜け出せなくなってしまうと思います。

「世の中の子育て論」と「子どもとの接し方」

次に私が伝えたいのは、ネット上の「コテ先の子育て論に惑わされるな」ということです。

私が初めて子育てを経験したとき、どうしても頼ってしまったのは自分の価値観よりも周りのママさんたちのアドバイスやＳＮＳの情報でした。そこでは、「こういう子に育てたいならこうした方がいい」とか、「寝かしつけを良くするためにはお風呂を先に入らせた方がいい」とか、様々な情報が飛び交っていました。そういった情報を見すぎてしまい、どれが正しいか分からなくなります。

その結果、すべてを試してみようとしたり、「これもダメ、あれもダメ」と自分を責めることになりました。なぜ、なぜいろいろな情報に惑わされ、正解探しをしてしまうのか。

それは、自分に自信がなかったり、自分はできないと思っているからです。自分に自信があれば、そんな情報に惑わされることもないのですが、それができないからこそ苦しんでしまうのです。

皮肉にも、自分が良かれと思ってやったことが、家族のためにもならず、自分を苦しめる結果になりました。周りの意見を大事にしつつ、自分が選択したいことを自信を持って選択すれば、そんな情報に惑わされることもありません。

また世の中には、「子どもをコントロールしようとせず、母親の心を安定させればいい」という考え方があります。私自身、この言葉にとても共感しました。子どもをコントロールすることではなく、母親自身の心を安定させることの大切さを身に染みて感じています。

私自身、デイサービスで働いていたとき、支援が必要な子どもたちを見てきました。そこで、お母さんの関わり方がいかに大事であるかに気づかされました。

私の子どもは、とても元気です。こんな健康に育ってきてくれた子どもたちに感謝しかありません。しかし時には、その騒がしさに手を焼くことも少なくありません。

母親としてのあり方を振り返ったとき、子どもたちとの関わり方を見直しました。そのキッカケがデイサービスでの仕事だったんです。

いかに接する人の言動が、相手に影響を与えるのか。それを知ったのです。それは言い換えれば、波動の交換ですね。

その気づきを得たことで、自分が普段、子どもに対してどう接しているかを再認識し、自信を持つことができました。

例えば、最近の出来事では、泣いている子どもに対して、「笑っているね」と声をかけると、「笑っていない」と返してくるやりとりが遊びとなり、結果的に子どもも笑顔を見せるようになりました。以前は騒がしい子どもに対して黙らせようとすることが多かったのですが、今ではコントロールするのではなく、違う方向に誘導してあげる感覚で接しています。

私がデイサービスで得た経験から学んだのは、自分の心の状態が子どもに与える影響の大きさです。母親が心を安定させ、豊かな心を保つことが、子どもに良い影響を与えると感じています。自分が発する波動が相手に伝わるため、母親が安定した心でいることが、子どもにも良い波動を伝えることになると信じています。

最近、子どもたちが私にとって大切な存在であることを改めて実感しています。私の子どもたちはまだ2歳と5歳なので、あまり気づかなかったのですが、自分がママとしての役割を意識し過ぎていると、その影響が出てきます。

例えば、私が何気なく子どもたちに話しかけると、彼らはとても気を遣ってくれます。しかし、それは本来の子どもたちの姿ではなく、大人の期待に応えようとしているのだと思います。そのため、子どもたちが我慢したり、言いたいことを言えなくなってしまっている状況を見ると、心が痛みます。

そこで、子どもたちが自分らしく過ごせるのは、母親自身も自分らしく過ごすことが大事だと最近気づきました。

母親だから我慢するのはＮＧですし、感情を偽ってはいけません。しっかり感情を表現して、自分自身がイキイキした生活を送ることが大切です。

夫との関係

固定観念に囚われず、自分のやりたいことを実現するための一歩を踏み出すことが大切です。

とはいえ、「そんなことはわかっているけど、踏み出せないから悩んでいるんです」という人もいるでしょう。私自身もそうだったため、その気持ちは痛いほどわかります。

しかし私の経験として、一歩を踏み出し、楽になりました。それは当たり前でもありますが、難しいことかもしれません。

そのために何をしたかというと、「やりたいことを誰かに伝えること」です。

例えば、私は夫に「一人の時間が欲しい」と伝えることで、自分の願いを実現することができました。

夫は水泳のコーチをしているため、出張が多く、朝早くから仕事に出かけることが少なくありません。そのため、私は子どもたちの保育園の送り迎えをやっていましたがある時、「母親としての役割を一度取り払って考えて、何がしたい？」と聞かれたのです。

私は素直に「遊びに行きたい」と答えました。

最初は夫に「遊びに行くの？」と驚かれましたが、「数年間ひとりの時間がなかったから、４日間だけでもいいからその時間を作ってほしい」とお願いしました。すると、夫は「いいよ」と快く承諾してくれました。そればかりか、仕事の調整をしてくれて、４日間が６日間、最終的には１週間に延びました。

本当に旦那には、感謝しかありません。

この経験から、やりたいことを口に出してみることの大切さを実感しました。自分の気持ちを素直に伝えることで、周りの人も協力してくれるのだと感じました。母親としての役割を果たしながらも、自分の望みを大切にすることが、結果的に家族全体の幸福に繋がるのだと思います。

母親という役割をもらった時、それが非常に難しいことだと感じました。特に「言うべき時」に緊張して泣きながら主人に話すのが大変でした。主人は忙しく働いており、二人の子どもを見てくれるよう頼むのは申し訳ないと思いました。でも、その気持ちを伝えたことで、主人が受け入れてくれたのかもしれません。

私たちの関係は、ある意味シンプルである反面、難しい面もありました。本音を伝えることは夫婦なら当然のことですが、それを口に出すのは難しい時もあります。特に母親になってからは、顕著になったと思います。

個人の活動を先にはじめた旦那に対して、自分の気持ちを素直に伝えることが難しくなっていました。これによって溝ができ、私が可愛くおねだりすることができなくなってしまいました。

なかなか子どもを授かることもできず、夫婦としての関係が辛い時期でした。

そんなある日、主人が突然、仕事を辞めると言い出しました。

私はヨガのインストラクターの資格を取りたいと思っていました。ヨガ関係の仕事をしたいと考えていたのです。ところが突然、計画が大きく変わることになりました。

旦那が安定した職を辞め、やりたいことをはじめるタイミングでしたが、私は夢を諦め、子育てをすることになりました。

ヨガのインストラクターを諦め、再び病院で働こうと思ったのです。しかし、彼が個人で活動をはじめると、いろいろなズレが生じ、我慢が重なり、ストレスが溜まっていきました。

その後、子どもを持つことに挑戦しましたが、うまくいかず、再びヨガのインストラクターの勉強を始めたところ、なんと子どもができたのです。

その時、私は思いました。

「自分のやりたいことをやれば、他の望みも叶うかもしれない」

自分のやりたいことを我慢して、ストレスをため込むのは良くないと気づきました。

しかし現実は甘くありませんでした。子どもが生まれてからは、大変な時期を過ごしました。とても泣き虫な子で、抱っこから下ろすこともできませんでした。ずっと子どもといる時間を過ごし、豊かなことでもありますが、自分の時間はありません。

そんな中、旦那からのサポートも少なくなりましたが、自分一人で全てをやり遂げました。この時期は、ふと離婚を考えることもありました。多くの喧嘩をし、離婚を真剣に考えましたが、ある日、子どもを連れて空港に旦那を迎えに行った時です。

娘が父親を見て喜ぶ姿を見て、この子には父親が必要だと感じました。

娘が父親に抱かれている姿を見て、家族の絆を再確認しました。

自分のやりたいことを大切にしながら、家族の絆を守りたいと考えるようになりました。

その後、二人目の子どもを授かりました。この経験を通じて、私はあることに気づきます。それは、実はシンプルなことでした。

甘えることの大切さ

今では、主人は本当に良い旦那さんであり、私たち家族にとって必要不可欠な存在です。

多くの人が、家族関係ですらたくさんの縛りを作り出してしまいます。その縛りから抜け出すためには、自分自身の役割を捨て、本来の自分を出すことが重要です。

私も「ママだからできない」とか「この仕事だからできない」といった役割に縛られがちでしたが、役割を取っ払って、ありのままの自分で生きることを考えるようになりました。

子どもたちには「ママ」と呼ばれますが、旦那には「ママ」と呼ばないでほしいと伝えています。子どもたちを育てることを「しなければならない」と感じるのではなく、ひとりの人間としてサポートしてあげる感覚で接することで、気が楽になります。

そして、いい夫婦関係を作るためには、旦那に甘えることが大事だと思っています。とはいえ、甘えることが難しいと感じる女性もいるかもしれません。私も甘え下手なのですが、夫婦の時間を大切にし、二人で話す時間を定期的に作るようにしています。

甘えるということに関しては、私の場合、ハグをすることを心掛けています。ハグはお互いの気持ちを伝えるのにとても大切です。

子どもたちが、夫婦関係をより良いものにしてくれることもあります。子どもがパパに「行ってらっしゃい」と言う姿を見て、私も同じことをするようになりました。子どもを見習うことで、私自身も主人に対して甘えることができるようになりました。子どもたちは、自然に主人に甘えますから。

夫婦関係において、感謝の気持ちを持つことが大切だと実感した出来事でした。私自身も昔は主人に対して感謝の気持ちが持てず、イライラしていました。しかし、今では感謝の気持ちを持つことで、夫婦関係がうまくいくようになりました。

過去の自分にタイムマシンで会えるならば、私はこう伝えたいです。

「今、とても幸せ！　辛かったことも今となっては、いい思い出！　だからとてもいい経験ができてありがとう！最高な未来を想像してね！」と。

これが私の伝えたいメッセージです。苦しい時期を乗り越えた今だからこそ、そう伝えたいし、この本を読んでいる人たちに伝えたいと思います。私はこれからも幸せな未来を想像し、自分のあり方を大切にして生きていきたいと思います。

我慢せず、ありのままの自分でいること

で、波動が上がり、それが周りの人たちに伝わっていきます。

もしこの本で少しでも、「自分自身を大切にして、最高の未来を作りたい」と共感してくれた方は、ぜひ固定観念を取っ払って、自分らしく生きることを試してみてください。

些細なことでも構いません。

旦那にハグしたくなったらしてみてください。

子どもたちに愛情を感じたら、それを伝えてください。

大丈夫です。あなたの未来は幸せで満ちているのだから。

ユリSNS
https://lit.link/2525Lily

第 4 章

人間も地球の一部

～佐竹みゆき～

「自分の人生を生きる大切さ」と一言で言えど、いろいろな観点があると思います。言い方を変えれば「自分の心に素直に生きること」だと思うんです。自分のやりたくないことを無理にやるのではなく、社会や家族の期待に縛られずに、自分の心に正直になることが大事なんです。

「人から見てかっこいいと思われたい」というように生きていても、それが本当に自分の人生だとは思えないんです。

「社会に出て働かなきゃいけない」とか、そういう固定概念に囚われて生きていると、もし明日死ぬとしたら絶対後悔すると思うんです。だから、本当に自分のやりたいことをやることが自分の人生を生きることになります。それが後悔しない生き方につながると思います。

私自身もこれまで生きてきて、「これをやった方が収入につながるんじゃないか」とか「これをやった方が人から見てかっこいいんじゃないか」と思うことを優先してきたことがありました。でも結局、それはうまくいかず、「違っていたな」と感じることが多かったです。だからこそ、人の目に囚われず、自分が本当にやりたいことをやることが、自分の人生を生きることだと思います。

「自分を生きていない時代」があったからこそ、こうやって本を通じてメッセージを伝えたいと思うようになったんです。そう思うと、自分を生きていない時代の自分も肯定できます。

私が20代~30代の時期は社会の期待に応えようと必死で、自分が本当にやりたいことを後回しにしていました。でも、その結果、心身ともに疲弊してしまって、何のために生きているのかわからなくなることがありました。

そんな経験があったからこそ、今は自分の心に正直に、自分のやりたいことを大切にして生きていこうと決意しました。その経験を通して得た教訓を、今度は読者の皆さんにも伝えたいと思っています。

人生を考えることの大切さ

まず、「自分の人生を生きる」ということを実現するためのキーワードがあります。

それは、その人自身の経験・過去です。

過去を紐解けば、必ず自分の人生を生きるためのヒントが隠されています。家族関係が、あなたの人生に繋がっているんです。とはいえ、「え？　なんのこと？」と思った人もいると思いますが、ぜひこのまま読み進めてください。

私は子どもの頃、厳しい親に育てられました。特に母親からは「私の言うことを聞いていれば大丈夫」と言われていました。それを信じていて、自分のやりたいことを言っても、それをやらせてもらうことはありませんでした。

母親は私を塾に通わせ、勉強をする毎日。私の自由時間はほとんどありませんでした。どんなに頑張っても褒められることはなく、今となっては母親にとってそれが「子どもの幸せ」と信じていたのだと思います。

しかし私にとっては、とても苦しいものでした。だんだんと自分の意見を言っても聞いてもらえない辛さを感じ、何も言わなくなっていきました。自分の気持ちを押し殺し、母親の言うがままに過ごしていました。心の中では常にモヤモヤしていましたが、自分の時間もなく、束縛された日々でした。

そんな生活に嫌気が差し、家を出たのですが、社会に出ても同じように自分を束縛する人たちが現れました。「ノー」と言えない自分がそこにいて、常にそういう人たちに悩まされ続けました。

その原因も家庭環境だったのかなと思います。

とはいえ、母親が悪いとは思いません。母親は自分の正しいと思った考えをしたわけですから。

もし今、あなたが自分の人生を生きれていないと感じるなら、家庭環境にヒントがあるかもしれません。

あなたと両親の関係はどうでしたか?

両親は、あなたにどのような言葉を投げかけていましたか?

少し振り返ってみてください。

そして、過去の自分を思い出してください。

過去の自分、特に幼い頃の自分に対して何を伝えたいですか？

私はまず、「ありがとう。よく頑張ったね」と言いたいです。あなたが頑張ってくれたおかげで今の私がいるのですから。そして、過去の自分を「大好きだよ」と言って抱きしめたいです。

次に、今の私から母親に伝えたいのは、「もっと子どもを褒めてあげてもいいのでは？もっと子どもの気持ちに寄り添ってあげてもいいのでは？」とも伝えたいです。求める愛の形と与えられる愛の形が違ったためにすれ違うこともあったけど、それでも愛情は確かに存在していたのです。

こうした愛のメッセージが伝われば、あなたの人生は変わっていきます。自分の理想の生き方へ前進していきます。

あなたの波動は、確実にいい波動へ変わっていきます。

シャーマンの儀式

いきなりですが、私はInstagram・YouTubeをキッカケでペルーの伝統的な儀式に参加しました。

シャーマンの儀式です。

シャーマンの儀式とは、ペルーで何千年も前から続く伝統的な治療法で、シャーマンが植物などを用いて行う神聖な儀式です。シャーマンは、特定の植物から作られた飲み物を使い、相手の病気や体のチャクラの状態を診断し、治療します。この儀式は、現在でもペルーの重要文化財とされ、うつ病やドラッグ中毒に悩む人々が治療を求めて訪れることが多いです。

儀式は数日に渡りますが、真っ暗な夜中に行われるタイミングがあります。シャーマンがイカロという歌を歌い始めます。イカロの歌でチャクラを整えていきます。

その歌を聴きながら、浄化の薬を飲みま

す。最初はとにかく吐くことになります。身体的にはもちろん、「感情の浄化」という意味もあります。

1日目は感情の浄化の日。1日目の儀式の後、訳も分からず涙が溢れてくるんです。ただ泣くだけじゃなくて、これまで溜まってきた何十年分の悲しみが一気に出てくる感じで、ワンワン泣き叫ぶんです。

でも、不思議なことに、自分が泣いているのに、まるで自分がここにいるんじゃなくて、少し離れたところにいるような感覚なんです。「あぁ、私泣いてるんだ」という感じで、とにかく体が勝手に反応するんです。

そして2日目は体の浄化です。体の中にも、ずっと溜まってきたストレスや緊張があります。過去に怒られた経験や、暴言を浴びせられたりして育ってきた過去は、その人の体に確実に蓄積します。そういう辛い経験が私たちの体に力を入れさせ、その緊張が体に記憶されているんです。

それを感情を通して浄化していくんです。全身が痺れて痙攣して、体が勝手に動いてしまう感じで、顔も歪んで口が勝手に開いて、そこから何かが出ていく感覚がするんです。本当にすごい体験でした。

面白いのは、そこにいた7人全員がそれぞれ違う体験をしていたことです。見えているものや感じていることが全然違って、その人独特の浄化を体験するんです。

心の浄化、体の浄化、感情の浄化が進むと、見えてくるビジョンも違ってきます。私の場合は、幼少期に住んでいた家に戻るビジョンが見えました。電話や鏡などの小物があり、若い頃の父親や母親もいるんです。そして、今の自分がどれだけ愛されていたかを見せられるんです。

その瞬間に「ああ、私は何をしていたんだろう」と思い、急に現在に戻った感覚になりました。年老いた両親を見て、「まだ生きていてくれてよかった」と思いました。これまでの何十年を振り返りながら、もっと早く気づいていればと思いました。

このような体験を5回繰り返しました。

その中で、私が長年抱えていた「なぜ両親は、私を見てくれないのか？」という思いが解消されました。「兄は可愛がられていたけど、私はそうじゃなかった」という感情も、自分と両親のすれ違いだったことに気づきました。そして、儀式の4回目には子どもの頃の自分と両親、兄と一緒に光の中でハグしているビジョンが見えて、心がクリアになりました。

この体験を通して、自分の中のわだかまりが浄化され、心が軽くなりました。

シャーマンの儀式が私に教えてくれたこと

そして、このようなシャーマンの儀式は、私の日常生活に活かすことができました。儀式から帰ってきた後の自分の変化に驚いたんです。前までは健康や若返りのためにたくさんのサプリを飲んでいましたが、儀式を受けた後は一切飲まなくなりました。

それは、以前の自分がどれだけ自分自身の体を信用していなかったかに気付いたからです。

今の時代、モノや情報がありすぎますよね。そういう時代に生きていると、どうしても「ない」にフォーカスしてしまうことが多くなります。特に日本では、物質的に満たされ

すぎていて、何かが足りないと感じやすいんです。私もそうでした。

周りの人が高級車に乗っていれば、高級車に乗りたくなりますし、ブランドバッグを持っていれば、ブランドバックを手に入れたくなります。

でも、ペルーに行ったときに気づいたんです。ペルーでは、出てくるシャワーは水だし、食べるのも大変で、日本のように整った環境ではありません。でも、それでも現地の人たちはすごく幸せそうなんです。

「その日暮らせるお金があればいい」という感じで、物質的なものではなく、「精神的な豊かさ」を感じました。

日本では、モノがありすぎて、感謝の気持ちを忘れがちです。モノを作ってくれた人への感謝を願う人たちは、ほとんどいないのではないでしょうか。でも、ペルーではモノは少ないけど、豊かさがあるんです。モノはないけど、毎日がハッピーで、元気でいるだけで幸せを感じられるんです。「今日は食べれればいいや」という感じで、いつも笑っているんです。

ペルーの人たちは、今を生きているんです。将来のことを考えるよりも、愛する家族や健康的な体、美しい空気があれば幸せを感じる。ブランド品なんて、知らない人が多いですし、もし知っていたとしても価値を感じないんだと思います。その日食べる分だけしか作らない。そんなシンプルな生活があるんです。

先ほど私が、「サプリを飲まなくなった」と言いましたが、日本では栄養を手軽に取れるモノがたくさんあります。一方、ペルーでは保存ができる安定したモノは少ないですが、大自然からの恵みがあり、まさに地球と繋がっている感じがするんです。

私たちは便利か不便かを勝手に決めて、あるのが当たり前と思っているから、便利でないと思ってしまうのです。便利になるほど地球と繋がらなくなり、精神的にも病んでしまうのかもしれません。

私の今回の学びは、「手放すこと」でした。

手放すことは、自分の生き方を見える化する

具体的に手放すことで感じる豊かさとは何か。例えば、サプリを手放す話ですが、すべて手放しても健康には影響がなく、不安もなくなりました。

「飲まなければいけない」

「飲み忘れた」

という不安もなくなり、自分の体を信じられるようになりました。

手放すことによって、本当の自分が見えてきて、自分の人生を生きることに繋がるのです。今持っているモノは他人からの影響や他人の価値観ですが、手放すことで自分らしく生きることができるのです。

ブランドのバッグを持つにしても、誰かから見られたら「これを持ってるからかっこい

い」とか「憧れの存在になりたい」と思う気持ち、これも必要な感情だし、それでいいんです。でも、それを一旦脱ぎ去ってみると、本当の自分が現れるんです。

手放すことで、どんどん自分を内観でき、なぜ自信がないのかを見つめることができます。すると、本当の自分が見えてくるんです。それがいいとか悪いとかは別にして、客観的に見て分析し、自分自身で自分を癒していけば、新しい自分に生まれ変わって自信がつくんじゃないかなと思います。

だから、他人から見られることで現れる「かっこつける自分」を一旦手放してみてください。言い換えれば、本当の自分に出会うってことですね。

他人から思われる「カッコイイ」ではなく、自分自身が「カッコイイ」と思える生き方をしてみてください。

私はたまたま、シャーマンの儀式に行ったことがキッカケでできるようになりました。

しかし、そういうことに頼らずに自分自身で気づける人もいると思います。

自分を見つめてください。

必ず、何かのキッカケで本当の自分が見えてきます。

その自分を大切にしてください。すると、理想の自分の生き方ができるようになります。

自分の波動を整える

私のテーマの1つは「波動で人を豊かにする」ということもあります。読者の方が、自分を見つけるためのキッカケがあればいいなと思います。自分の本当の姿に気づくことができるように、日常の中でブロックを外すようなことができたら素敵ですよね。

そのためには、自分の体を大切にすることも大事です。体は魂の入れ物なので、「ペルーに行きたい」とか「東京に行きたい」と思っても、この体がなければ行けません。なので、体をメンテナンスし、大事にすることで心と体が一致します。

波動が整い、必ずやりたいことを実現する一歩を踏み出すキッカケになります。

シャーマンの儀式はある意味で修行で、食べ物の制限や他の人と喋らないこと、携帯の使用禁止など、徹底されていました。その結果、感覚も研ぎ澄まされ、帰ってきてからも食べるものや見るものに敏感になりました。

自分の体を作るものなので、食べ物にもこだわるべきです。体を大事にし、健康を保つことで、本当の自分が見つかります。

食べ物を通して、食材を作った人、食材を運んで来てくれた人、調理してくれた人を感じてください。そうすることで、すべてに感謝できるようになります。

本質的に波動を整える方法は、シンプルに「自分を大切にする」ことです。この言葉ってありきたりかもしれませんが、本当に深く理解して、自分の中に落とし込んでほしいんです。

そうすることで、あなたの波動は確実に上がっていきます。

そして、自分の人生を生きることができるようになります。

人間は地球の一部

伝わりにくいかもしれませんが、「人間も地球の一部」と伝えたいです。「水平線には上も下もない」という感じです。つまり、一体ってことですよね。地球の一部である自分ってことです。私たち人間は、地球が作り出したものには絶対に敵わないんです。災害にしても、地球がくしゃみをしてるような感じで洪水が起きているかもしれません。規模が全然違うんです。

人間も地球の一部なので、その流れに沿った生き方をすればいいんです。良い・悪いもないし、間違い・正しいもないんです。それが一番幸せの形だと思うんです。人間目線で社会に出てしまえばストレスを感じることもあるけど、それは人間の世界のことです。そこからちょっと離れて、自然の流れに身を任せればいいんです。

地球の目線から現実世界を見てみると、地球の偉大さや癒しの力が感じられるはずです。なので、本当の自然に身を任せれば、必ず癒されると思います。地球目線で、もう少し視野を広げるという感じですね。地球目線で生きることで、もっと楽になるということです。

人間目線を手放してみてください。

そうすれば、あなたらしい生き方ができます。

あなたの良い波動が、あなたを前進させてくれます。

佐竹みゆきプロフィール

佐竹みゆき/岐阜県出身/魂のクリーニング

幼少期から親との関係に問題を抱え、何者にも縛られず自由に生きたいと思い立ち、ペルーに飛び立つ。現地で貧しい子ども達へのボランティア活動、魂の解放を行う儀式『アヤワスカ』の圧倒的体験を経て親子関係を修復し、生まれてきた意味を見出す。

○インスタグラム
https://www.instagram.com/miyuki_kakusei?igsh=MWxxYnRyamp6dXBreg==

○X（旧Twitter）
https://x.com/miyuki_kakusei?s=21&t=pIaUkkioePIMbkD5Q9kDnQ

○お問い合わせ先（メール）
miyuki.kakusei@gmail.com

第 5 章

今の自分を生きる

〜MIHO KOBAYASHI〜

私は「死」をテーマに「今の自分を生きることの大切さ」をみなさんにお伝えしたいと思います。いくつかの死に直面した自分の経験から、そう思うようになりました。

その中でも母親の死は、私にとって、それまで感じていた「死への捉え方」を大きく変えるものとなりました。

それまでの私にとって、「死」は恐怖以外の何ものでもありませんでした。

長年、看護師として働き、「死」を直近で感じてきました。私が勤めた病院では、苦しんで悲しんで、亡くなる方が多くいらっしゃいました。昔亡くなった親戚が、若くして、無念の死を迎えたという話も何度も聞いていました。

そうした経験によって私の中の「死」は、怖いもの・来てもらいたくないものという感情を印象付けたのかもしれません。

しかし、母が私の目の前で見せてくれた最期の時間の生き様によって、死がただただ怖いもの、悲しいものだけではないことを感じることができたのでした。

「母の死が気づかせてくれたこと」

「父より先に死ねない」と言っていた私の母ですが、病に倒れ寝たきりの状態で自宅で過ごし、半年で亡くなりました。

倒れたときに、「重症で余命も短い」と医師から伝えられましたが、それでも母の肉体がなくなってしまうことは私には予測のできないものでした。

毎日の母の状態に一喜一憂し、いよいよもう間もなくかもしれない……となった時、私の心は、恐怖でいっぱいでした。悲しみも、寂しさも、後悔も、次から次へと湧いてきます。湧いてくるのだけれど、立ち止まって、その感情と向き合うような余裕はありませんでした。

ちょっと目を離したすきに、息が止まっているかもしれない……。

そんな状態になってからも母は、生き続けました。

膝から先は真紫になり、全身が冷たくて、脈拍も呼吸数も減少し、顔は死化粧をしているかのように真っ白……。

それでも、懸命に生きていました。

家族がどうしても家を離れなくてはならない日を通り越し、娘の私が午後には出かけなければならない日の朝、医師が言いました。

「この数週間見てきて、ここまで生きてらっしゃるのは、奇跡でしかない。しかし、残念ですが、この状態では、後数時間で息を引き取る方が多いです」

私は後ろ髪を引かれるように、家を後にしました。

母の息が止まったのは、翌日早朝でした。私が寝ているその隣で、静かな、穏やかな死を迎えました。

ただただ、母に感謝の気持ちでいっぱいになりました。

「おかぁさん、頑張ったね。真摯に生きること、懸命に生きること、たくさん教えてもらったよ」

恐怖よりも、母の偉大さと、愛の大きさ、命のバトンがつながれたことを感じた瞬間でした。

その瞬間は、もう呼吸が止まってしまうかもしれないと思った時から2週間が経っていました。覚悟と命のバトンを受け取るための準備の時間を、母は私に与えてくれました。

母が亡くなった後、私は「自分の人生を楽しみ、充実して過ごした方が母は喜ぶのではないか」と思い、いつもの生活に戻ろうとしました。

イベントの準備をしたり、講座を引き受けたりしましたが、どうも、しっくりきません。悲しみも、寂しさも後悔も感じる余裕もなく過ごしていましたが、ぼーっとして、物事が進みません。

ふとした瞬間に、私は泣いていないことに気づきました。たくさん湧いてきていただろう恐怖も、悲しみも、寂しさも、後悔も、全部蓋をして、楽しく過ごそうとしていたことに。

そうしたら母が喜ぶだろうと思うことで、自分の感情を抑圧していたことに気づきました。それからの私は、自分の感情はそのまま受け入れ大切にしようと思うようになりました。

これらの経験から私が伝えたいのは、「どんな感情も、受け入れ大切する」というメッセージです。

陰の感情をなくすのではなく、感じきって感謝し、消化していくことが大切だと思っています。

ここで言う消化とは、「昇華(しょうか)」のこと。感情を無くすことではなく、その感情をしっかりと感じて受け入れ、感謝し、そして解放することを意味します。

私は「陰の感情がなくなってほしい」とずっと思っていましたが、陰の感情を異物として扱っている限り、いつまでも執着してしまいます。棘が刺さっている状態と同じで、いつまでも痛いのは当然といえば当然です。

すべての感情を自分の一部として受け入れることが、自分らしく生きるために必要なことだと今は思っています。

「どの感情も居場所をつくり受け入れる」

どうやって悲しみや後悔などの感情を受け入れることができるのか、疑問に思う人もいるでしょう。私もそうでした。

感情を受け入れるということは、その感情を感じきることだと思います。

今までの私は、

「後悔したくない」

「怖いことから逃げたい」

「またあんな悲しい思いをするのは嫌だ」

と陰の感情を排除しようとしていました。しかし、感情を排除するのではなく、反対にその感情を感じきることが重要だと思うようになりました。

自分の心の中に、陽の感情と同じように陰の感情の居場所を作ることによって、自分のすべての感情を感じ切り、大切にすることができます。その結果、自分自身を大切にしたり、好きになったり、今を生きることに繋がるのだと思います。

「感情の居場所をつくる」ということは、教えてもらったことですが、本当にその通りだと思っています。

誰でも不安なことや怖いこと、後悔することは嫌です。しかし、不安や恐怖、後悔、悲しみを感じきることで、その感情を

認め、その感情を持つ自分を認めることができるのです。

具体的に「感じきったな」と感じるタイミングは、その感情が気にならなくなったときです。自分の中に同化した感情は、もう棘として刺さることはなく、自分の一部として存在しています。その感情に執着しなくなるので、気にならなくなります。気にならないので、感じきった瞬間がいつかはわからないものですが、「いつの間にか、気にならなくなっていた」と後で、感じることが多いと思います。

キャンサーギフト

私の中で死が本当に身近になり、恐怖を感じたのは、自分が「がん」になった時でした。看護師として、患者さんに接していた時とは違う、大きな衝撃でした。その衝撃があったからこそ、今を大切に生きることに繋がっています。

がんサバイバーであることは、私にいろいろな気づきを与えてくれました。大きな気づきは、それまでの私は自分を大切にしていなかったということです。

自分の心や体の声に耳を傾けることなく、周りのため、何かのためにと心も体も動いていたように思います。だからこそ、がんという形になって、自分を大切にすることを教えてくれたのだと思っています。

日本では二人に一人ががんになると言われています。死につながるものとして恐怖を感じる人も多いかと思います。しかしそれだけでなく、「自分を再認識するチャンス」でもあると感じています。

キャンサーギフトという言葉を耳にしますが、がんになったことで、今の私がいます。このことが、今がんで苦しんでいる人たちに伝わればいいと思います。

私はがんがきっかけで、笑いヨガ（ラフターヨガ）に出会いました。笑いヨガは、楽しいから笑うのではなく、体操として笑います。それでも、笑いの効果があると科学的に証明されているものです。

笑いヨガとの出会いのきっかけは「笑って免疫力を上げよう」というチラシを見て、イベントに参加したことでした。大勢の方が手拍子しながら同じ掛け声をする光景に驚きましたが、その後のリラクゼーションの時間に涙が流れました。

しかし、なぜ涙が流れるのか、最初はわかりませんでした。

その期間、抗がん剤がはじまったばかりで副作用がひどく、さらに両親の介護が重なり、自分でも苦しい時期でしたが、苦しいことに気づくことすらできていませんでした。涙が流れたことで、私は泣きたかったことに気づき、泣いてもいいと感じることができました。

笑いヨガは、自分の感情に気づき、それを解放できるもの。この出来事は私が笑いヨガを続ける原点になっています。

がんを通じて笑いヨガに出会い、「自分を大切にすること」「自分の心と体の声に耳を傾け、認めることの大切さ」に気づけました。

それまで、自分を後回しにしていた私は、がんがきっかけで、今の人生には限りがあることを痛感し、一度きりの人生を自分のために生きたいと思うようになりました。誰かのために生きるという他人を優先することは、相手にとってうれしいこととは限りません。

自分を大切にすることができて初めて、周りを大切にすることができます。他人軸ではなく、自分軸で生きること。それが、大切だと思います。

その後の私は勤めていた病院を辞め、自分のやりたいことや興味のあることに、時間を使い始めました。最初はいろいろな活動を一つひとつ別物として始めたのですが、あるとき、これらの活動はすべて、「自分を大切にすること」「生きること」に繋がっていることに気づきました。

それまで、点としていたものが、一つの線としてつながりました。その線は、空間となり、想いが加わりました。誰もが自分らしく安心して過ごせる。ワクワクして、癒されて、元気になる。そんな居場所を作りたいと考えています。

居場所の名前は決まっています。「ともしび」です。ともしびは静かに灯り続ける、温かくて力強く、絶対に消えない光。そこに行けば何があっても大丈夫。そう思える場所。
そして、自分自身の持つ生きる力「ともしび」に気づいてもらえる居場所を作りたいです。

現在は、看護師として働きつつ、自分から出向いて講座を開いたり、出張講座を行ったりしています。いずれは「ともしび」で笑いヨガや他の活動を行い、多くの人が集まれる場所にしたいと思っています。

そして、その場所は、同じ想いを持った人たちに活用していただくスペースとしていきたいと考えています。

「父の死」

母が亡くなった後を追うように、４か月後に父が亡くなりました。父は10年以上前から４つのがんと共存していました。

３年前に、「あと余命僅か」と医師に告げられ、その後は自宅で過ごしました。最初は意識があるか・ないかもわからない状態だったのが、自宅で過ごすようになってからの父は、みるみるうちに状態が改善しました。

目を開けるようになり、言葉を発し、会話ができるようになりました。朝は一緒にオンラインで全国の仲間と笑いヨガに参加します。みんなと掛け声をかけあったり、「ありがとう」「また明日」と、画面の仲間に向かって話しかけたりもします。

車いすで花見に出かけたり、遠くの山を眺めに散歩に行ったりしました。食事もお楽しみ程度に口にすることができるようになりました。家族の力と、笑いの力が、奇跡をもたらしたと思っています。

そんな父でしたが、状態は少しづつ悪化していきました。何よりも、自分より元気だった母が、寝たきりとなり、具合が悪くなり、亡くなる様子を目の当たりにしていた父です。だんだんと元気がなくなっていきました。

全身の皮膚に転移し、痛みも出るようになったのも、母が亡くなった頃と並行していました。

父は、頑張って頑張って生きたのだと思います。全身ががんに侵されても、動けなくても、話すことができなくても、施設や病院で過ごした期間があったとしても。夫として、大黒柱として、妻とこの家を守ろうと懸命に生きていました。父も母と同様、生きることの尊さを教えてくれました。

父が亡くなるとき、それまで抱いていた死の恐怖は襲って来ませんでした。それは、数カ月前、母の死の時に、死が恐怖だけのものではないことを知ったからだと思います。

死は悲しいもの、寂しいものですが、両親の最期の時を家族とともに一緒に過ごせたことは、私にとって、とても大切な時間であり、貴重な体験となりました。どのように人生の最期を過ごすか、どのように死を迎えるかは、人それぞれであり、正解も不正解もありません。看取り学の中では、死ぬときに大きなエネルギーを発することを学びました。死ぬことは消滅ではなく、生きることにまたつながっていくもの、命のバトンとして引き継

がれていくものであると、今は感じています。

わが家の命のバトンも私たち家族に、そして、母が亡くなる直前と、父が亡くなる直前に生まれた小さな命にも、引き継がれています。

生と死はつながっていることを体感

人は皆つながっています。私たちは宇宙の中の一部であり、自分の顕在意識や潜在意識。その奥にはみんながつながっている集合意識が存在しています。

私はこれを集合意識覚醒ＭＡＧＡＴＡＭＡの講座の中で学びました。集合意識では私たちは一つであり、陰陽の分離はありません。あなたと私・太陽と月・男と女・善と悪、過去も未来も分離はなく、生と死もまた別物ではないのです。

死は、肉体はなくなるけれど、消滅ではない。魂は命に還っていく。死の恐怖が薄らいだのは、死と生が別物ではなく、統合され、めぐっていることを体感できたからだと思います。

「自分にありがとうと感謝してみる」

どんな自分をも認めることが大切と頭では分かっていても、「やっぱり自分はダメだ」と思う人も多いのではないでしょうか。

そんな時に自分に「ありがとう」と言ってみてください。

その前に、まず、今の自分を感じてみます。呼吸・脈拍・今の気持ちなどそれを良いとか悪いとかではなく、ただただ感じてみるのです。

そして、そのまま認め、感謝します。良い悪いとジャッジしないということは、どれもOKということ。この世界は陰も陽もどちらも存在して、できています。どちらも存在することが自然なことです。

私の死の恐怖が薄らいだもう一つの理由は、来ないでほしいと思っていた、恐怖や悲しみや不安。これら陰の感情がもともとあって当然なものと感じることができるようになったからです。

感謝することも大切です。心の中で感謝を思っているだけではなく、それを口に出してみてください。感謝の気持ちを口に出すことで、期待しすぎないようになります。感謝の対象は自分や相手だけでなく、物や出来事や過去の全てに対してもです。全てに感謝することで、波動が上がり、感謝のエネルギーを引き寄せるようになります。

今、苦しんでいる人は、凄く頑張っている人だと思います。苦しみから脱出したい！　どうにかしたい！　と思っているに違いありません。そんな時こそ、自分に「それでいいんだよ」と言えたら、もっと楽になると思います。

私たちは、どうしても自分のことが後回しになってしまいます。今の自分がどんな状況かわからずにただただ、がむしゃらに生きている。いつも頑張っている自分に、「頑張っているね」「そのままでいいんだよ」と言ってみることで自分が自分を認めることができます。

「ありがとう」と感謝することで、心が軽くなるのではないかと思います。

笑いヨガのクラブでも、リラクゼーションの中で、自分に「ありがとう」「大好きだよ」「愛しているよ」と話しかけながら、自分を抱きしめる時間をとっています。私はこれをセルフハグと言っていますが、他人からではなく、自分で自分をハグしても、幸せホルモンが出ると言われています。

セルフハグをすることで「自分は頑張っている」と気づいたり、自分は愛される存在だと、改めて感じる人もいます。些細な行動に思うかもしれませんが、思った以上に心地よかったり、自分の感情を解放できたり、自分を認めたりできるものです。

全ての感情を感じきり感謝するとともに、豊かさに気づけることも私の中で波動が上がっている状態と言えます。

私の中での豊かさとは、

・あたりまえはあたりまえでないことに気づき、日常に感謝できること
・ありのままの自分を認められること

・物や事、人に良い悪いの判断をしないこと
・幸せや愛を循環させること
・穏やかに過ごせること
・周りにたくさんある小さな幸せに気づけること

現実は自分が創っていると言われています。正確には潜在意識が現実を創るそうです。何かが起こった時、それをどう捉えるかは自分次第です。豊かさに気づくか、「そうでないかも自分。豊かになりたいな。幸せになりたいな」と思った時、自分がどう感じ、どう動くか。

今、生きることが苦しいと感じている方、自分の周りにある小さな幸せに気づいてください。そして、ただただ、生かされている、そこに存在している自分に感謝をしてみてもらいたいと思います。

死が本当に身近になった時に、生きることに真剣になる

小さいころからの死のイメージ、看護師として働いたからこそ感じる苦悩や悲しみ。そして、自分のがん宣告の時に感じた最大の恐怖。そこから、「今を生きること」「自分を大切にすること」の大切さに気付き、自分で意図することなく、「生きること」にひかれていった私。それは、自分の潜在意識がそうさせたと思います。

そして、母の死、父の死を経て、死と生は相反するものではあるけれど、別物ではなく、めぐりめぐっているもの。この世界の自然な姿は、陰も陽も存在するものということを、経験を通して、実感しました。

私は、母と父の死に対して、介護中に感じた、後悔や悲しみ、寂しさを十分に感じきったとは今は言えません。それでも、これら陰の感情も自分の一部であり、とても大切なも

のと受け取って、自分の中に居場所を作っています。

今ある陰の感情を感じきらずにいることは、波動が上がる途中にいると思っています。今私の心の中の居場所に落ち着ている感情の一つひとつと向き合い、自分を認め、愛し、すべてに感謝して、日々丁寧に今を生きています。

そうすることで、自分の波動がどんどん高まっていくのを感じています。

私が紡いだこの言葉たちが、皆さんを癒して、「今を大切に生きる」ことにつながればうれしいです。

MIHO KOBAYASHIプロフィール

「死」に直面した経験から、今の自分を生きることの大切さを実感し、「生きる」をテーマに活動中。両親の看取りを通して、生と死は繋がっていることを体感し、日々を丁寧に、感謝して生きることを実践している。

生きる力に繋がる居場所つくりの準備中。看護師・笑いヨガ（ラフターヨガ）ティチャー・集合意識覚醒MAGATAMA認定講師・看取り士・ピアサポーター・ピンクリボンアドバイザー・ほめ笑いカードティチャー他。

○Facebook
https://www.facebook.com/profile.php?id=100013459277295

○インスタグラム
https://www.instagram.com/miichan0209569l?igsh=eDB6d2xsczh4bHl2&utm_source=qr

○お問い合わせ先
miichan2898@gmail.com

第 6 章

スペイン文化で
自分を見つめる

～宮嶋純子～

みなさん、こんにちは。スペイン在住の宮嶋純子と申します。

スペイン暮らしも20年を超えました。異国の地スペインで暮らす私が感じていることを本にしたいと思います。

まずお伝えしたいのは、「日本とスペインの文化の違い」を前提に、この本を読んだ人が「生きやすくなって欲しい」ということです。そして「心と言葉と行動を一致させることの重要性」も伝えたいと思います。

・セルフイメージが高くなる子育て方法
・愛に溢れるスペインのコミュニケーション
・「実は長寿大国スペイン」での健康長寿の秘訣
・情熱的な太陽とのんびりした空気感

など、スペインでの日常生活で感じるスペイン人の波動が高い理由をお伝えします。

そして、この本の重要なキーワードの1つは、「感情」です。

スペインと日本の違い

ヨーロッパのラテン系民族の国であるスペインは、日本との違いがたくさんあります。まずスペイン人は、自分の思ったことをすぐに口に出す人が多いです。男女問わず、みんな話したいことを素直に話す傾向があります。良くも悪くも、すぐに言葉に出すことで、感情を溜め込まないのが特徴です。

たとえば、政治や宗教の話題も、自分が違うと思ったらその場で意見を言うのが当たり前。時には相手を黙らせてでも自分の話したいことを話す強引な人もいます。これが良いか悪いかは別として、みんな話すことが好きで、思ったことを伝えずにはいられません。

日本ではこうした感情の表現が控えめですが、スペインでは素直に感情を伝え合います。そうすることで、良い波動が生まれると私は思っています。

自分の思っていることを言葉に出さずに溜め込むと、その人自身のエネルギーが下がります。何かを我慢している状態が続くからです。素直な気持ちを相手に伝えることで、お互いに合わない人とは距離を置くこともでき、合う人とはより仲良くなります。

スペインに住み始めて間もない頃は日本的感覚で、「相手との関係が悪くなるのでは」と心配しました。しかし今ではいいことだと思っています。

自分の意見を言っていれば、「この人はこういう考え方なんだな」と分かり、お互いに相手を理解できます。それで、お互いに合うか合わないかを判断し、関係を続けていけるかどうかを決めることができます。

このように言いたいことを言える環境は良いエネルギーを生みます。

日本的な「言わなくても分かってほしい」という考え方はスペインでは理解されません。何を隠そう、スペインに来てからも、私はそのような考え方でした。しかし今ではその場で思ったことを言わなければ、分かってもらえないことを実感しています。

『目は口ほどにものをいう』

言葉こそ語らずとも、ときに言葉以上の想いを伝える。そんな日本的考えで伝えようとしても、言葉にしない限り理解してもらえません。しばらく経ってから、「あの時こう感じてた」と言っても、「じゃあ何でその時に言ってくれなかったのか」と逆に怒られてしまうことが多々あります。

その時感じたことは、きちんと言葉にして伝える。感謝もしかり。嬉しかったこともその場で伝える。その瞬間に感じている感情を心に溜めずに表現するため、スペイン人は波動が高いのでしょうね。

『愛情』に関しても違いがあります。

日本では「自己犠牲の上の愛情」という考え方をしている人が多いのではないかと感じます。言い換えれば、「自分を犠牲にして、相手に愛情を注ぐ」ということです。

どこかで自分の心に無理をして愛情を注いでいると、感情との乖離が生じ、いい波動は流れません。いいエネルギーを持たない愛情は、相手にとって負担になってしまうこともあるでしょう。

スペインは、少し感覚が違います。

スペイン人は自己犠牲による愛情ではなく、自分を大切にしながら他者に愛情を注ぐのです。

自分も愛し、その上で相手も愛す。

そんな波動の高い愛情は注ぐ側にも受け取る側にも幸福感を与えます。

セルフイメージが高くなるスペイン流子育ての秘訣

それでは、どうしてスペイン人には「言いたいことを言える文化」があるのでしょうか。自分を大切にしながら他者に愛情を注げるのでしょうか。

それは、スペイン人の自己肯定感の高さが大きく影響していると思います。

スペインでは親や親戚の子どもに対する愛情表現が、とても豊かです。たとえば、名前とは別に「mi rey ミ レイ（私の王様）」や「mi reina ミ レイナ（私の王女様）」と呼んだりします。その他にも「cielo シエロ（空）」や「sol ソル（太陽）」「bollito ボジート（甘い菓子パン）」など、様々な愛情を込めた呼び方があります。

親や親戚から愛情たっぷりに呼ばれることで子どもたちは自己肯定感を高め、たくさんの愛情を感じて育つのです。

日本で、親戚の人が甥っ子姪っ子を「私の王子様、王女様」などと呼んでいたら、かなり違和感がありますよね。

スペインは家族の繋がりが強いので、親戚と一緒に過ごす時間が日本と比べると圧倒的に多いです。ですので様々な年代の人と話す機会も自然と増えます。子どもの頃から親や親戚、親の友人など周りの大人から認められて、話をしっかり聞いてもらえる環境があります。子どもが大人と対等に会話し、大人も子どもの話を聞きます。

家族や親戚が子どもたちを愛情深く見守っているため、外見に多少コンプレックスを抱いていても、親戚一同がその子を大切にし、認めてくれるので、自己肯定感が高く育っていきます。

学校でも、日本では間違えることを恥ずかしいと感じて手を挙げない子どもが多いですが、自己肯定感高く育ったスペインの子どもたちは合っていようが間違っていようがお構いなし。「当てて当てて」と先生にアピールしながら手を挙げて、自分の考えを堂々と発言します。

昨今は食物アレルギーの問題で禁止にしている学校もあるようですが、誕生日に親は手作りのクッキー、または購入したお菓子をクラス全員分用意して持たせます。「今日はぼく/わたしが主役」とばかりにアピールして祝ってもらうのです。

そんな特別感を持たせてあげることも、セルフイメージを高めますよね。

そして、思い切り褒めます。人前でも堂々と褒めます。

スペインの親にとって我が子は世界一。ママ友、パパ友といる時でも、「自分の息子/娘は世界一」「なんてかっこいいの/かわいいの」「なんて頭がいいの」と褒めちぎるのです。「あなたのことをとても誇りに思う」なんてことも、自然に口にします。

控え目がいいとされている日本では、人前で自分の子どもを褒める親はなかなかいないですよね。

「認められている」という安心感があるからか、スペインでは日本と比べると、いじめが圧倒的に少ないように感じます。

スペインは家族の関係がオープンです。もし子どもが気軽に話せる関係でないようなら、学校であったことや嫌なことを話してくれるような雰囲気を作ることが大事です。子どもはただ話したいだけのことも多いので、親が意見を言おうとせず、ただ聞くだけでいいんです。

私はこのことを娘に教えられました。子どもは意見やアドバイスはいらないのです。ただ子どもが感じたことを話せる場と時間を作り、否定せずに、「そう思ったんだね」「それは嫌だったんだね」と共感しながら聞いてあげることが大切なのです。

スペイン流コミュニケーション

「情熱の国」とも称されるスペインはコミュニケーションが活発で、感情表現も豊かです。身振り手振りしながら、体を大きく使って話すのが特徴です。そのため、初めてスペインへ行く際は、スペイン人のテンションの高さや感情表現の豊かさに驚いてしまうかもしれません。

日本へ帰省した帰り、乗り換えでスペイン行きの飛行機のゲートへ着くとそこはちょっとした喧噪(けんそう)（人声や物音で騒がしいこと)。周りのゲートと比べ、明らかに賑やかなのです。苦笑いが漏れてしまう瞬間です。でも、なんだかほっとしてしまう自分もいて、第二の故郷として愛してやまない国なのだ、と思うのです。

挨拶の文化も違います。もし、スペインに住んでいる友人・知人を訪ねていくようであれば、その友人・知人の家族や知り合いに紹介される機会もあるかと思います。すると、スペイン人は、日本人に比べてスキンシップがとても熱烈なハグとキスの挨拶を受けます。スペイン人は、日本人に比べてスキンシップがとても積極的なのです。

ただ、キスと言っても、唇が触れるようなキスではありません。「ドス ベソス」と言い、頬を左、右、と交互につけて「チュ」という音を口で鳴らすのです。

とはいえ、日本人の感覚では驚いてしまうでしょう。ハグやキスをするのは親しい間柄の人たちだけですが、友達の友達は、初対面でもすでに友達という感覚です。人懐っこく、懐が深いスペイン人はハグと「ドス ベルソ」で一気に壁を取り払ってしまいます。

ハグは非言語コミュニケーションとして、絶大な効果があると実感しています。

親は一日に何度も子どもをぎゅーっとハグします。つらい時、悲しい時、家族や友人がぎゅーっとハグしてくれます。嬉しい時もハグで喜びを共有します。

なんとも言えない安心感に包まれ、幸せな気分になれます。そんな力があるのがハグなのです。

スペイン人の中にも、もちろん人見知りの激しい人、寡黙な人、話し方がゆっくりな人、静かなトーンで話す人はいます。しかし、ほぼ全国民、おしゃべりが大好きです。

どんな田舎へ行っても、村の中に何件もあるのがバルです。スペインは人口当たりのバルの数が世界一多いとか。バル文化はスペイン文化を象徴する存在です。

朝はコーヒーとトーストやチュロス、デニッシュパンなどの朝食を食べます。昼前にはコーヒー休憩、お昼には食事前のビールやワインを一杯。午後は学校帰りの子どもを連れておやつの時間。夜はパートナーや友人と一杯飲みながらおしゃべり、と。

午後にはカードゲームを楽しむ老人グループもよく見かけます。一人暮らしをしている老人も、バルに行けば仲間がいるのです。

一人で行っても誰かしら知り合いがいたり、店員とおしゃべりしながら飲んだり。とにかく「誰かと話したい、交流したい」というスペイン人の欲求が満たされる社交の場がバルなのです。

もし、旅行や留学でスペインへいらしたら、ぜひバルへ行ってください。Hola！（オラ）、と笑顔で挨拶し、カタコトのスペイン語で注文しようものなら、店員か、周りのお客さんが、「どこから来たのか、何をしにきたのか、スペインは好きか」と喜んで話しかけてくるでしょう。

スペイン語が話せなくてもいいのです。身振り手振りも含めて一生懸命話していれば、心は通じてきます。外国人や、自国の言葉を話せない人に冷たい国もありますが、スペイン人はみな人懐っこく、お節介なくらいに親切で、とてもオープンマインドです。

『日常で使えるスペイン流コミュニケーション術』

- 初対面で会う相手には、まず笑顔で挨拶をする
- 明るくノリよく、感じよく話す
- 会話に適度なユーモアを効かせる
- 「相手の話を聞くとき」と「自分が話すとき」のタイミングを読む
- 相手も自分も楽しくなる話をする
- 髪型、服装、どんな些細なことでもいいので相手を褒める
- 感情を素直に伝える

このようなことを心掛けながら過ごせば、毎日が幸せで波動も上がることでしょう。

スペイン人が長寿な理由

実はあまり知られていませんが、スペインは男女共に長寿の国でもあります。スペイン人が健康で長生きする秘訣については、いくつか理由があると思います。まず、彼らは食べることや飲むことが大好きで、食事に対するこだわりが強いです。食べること自体を生きがいと考えている人も多く、食事を楽しむ習慣があり、健康意識も低くありません。

スペインでは栄養バランスの取れた食事が多いです。日本のように魚や野菜中心の食事ではなく肉も頻繁に食べますが、魚介類も多く、豆類も頻繁に食べます。豆料理は煮込み料理として食され、栄養豊富です。

また、食事を楽しむ習慣が根付いていることも健康の秘訣です。家族や友人と一緒に食事を楽しむ時間を大切にしており、これが健康にいい影響を与えていると思います。

週末は親戚や友人と集まって食事をとるのが一般的。おつまみを食べながら食前酒を楽しみ、会話を楽しみながらゆっくりと食事をする。このリラックスした楽しい時間がいい波動を生み、幸せなエネルギーが共鳴されます。

スペインではストレスの少ない生活が送れることも、長寿の秘訣だと思います。

日本と比べて休暇が多く、バカンスのために働くという感覚が当たり前。たとえば、どんな仕事をし

ていても年間1ヶ月の休暇が保証されていますし、子どもたちの夏休みは2ヶ月半で、宿題も一切ありません。夏のバカンスの他にも、クリスマスホリデーやイースターホリデーなど、次の休みを楽しみにどうにか仕事を乗りきります。働くために生きている人が多い日本とは全く違った感覚です。

金曜日には早めに仕事を切り上げ、いそいそと退社し、田舎のセカンドハウスで週末を過ごしたり、家族や友人とリラックスした時間を過ごしたりすることが一般的です。

また日本では将来に不安を抱え、今を楽しむよりも将来の不安に備える人が多く、老後2000万円問題が話題になってからはさらに拍車がかかっている印象です。

一方、スペインではその場・その時を楽しむ人が多いです。貯金をする人もいますが、スペイン全般、特に南の地方では「宵越(よいご)しの金は持たねえ」といった感じで、基本的には今を楽しむことを大切にしています。はたまた借金をしてまでバカンスへ行く、なんていう人も結構な割合でいます。

またスペインの空気感も健康にいい影響があると思っています。のんびりとした雰囲気が漂い、ストレスの少ない生活を送ることができます。日照時間も長く、気候も良い。気分が良くなる要素がたくさんあります。自分がご機嫌でいることはいい波動でいられる一番の条件です。

とはいえ、そんなスペインでも心を病む人はいます。しかし、心を病んでる人への対応はかなり違います。悩みや問題を抱える子どもたちも同じです。スペインでは精神科に通うことは日本に比べて気軽な感覚であり、相談に行くことは珍しくありません。

日本では精神科に通うことに対して偏見が強いと思います。「精神科に通っている」と誰かに言えば、「あの人、大丈夫かな?」と思われることを心配するのではないでしょうか。しかしスペインでは特別なことではありません。「私もあの精神科医に何度かセッションしてもらったよ」とか、「誰かいい先生知ってる?」という感じで、悩みがあればためらわずに行くことが普通なのです。

まるで歯医者に行くくらいの感覚でカウンセリングを受けるのです。

これも、「言いたい事を言いたい、内に溜めない」というスペイン人気質の表れなのではないかと思います。

こうしたライフスタイルや仕事への向き合い方の違いが、ストレスの少ない環境を作り出していて、それが長寿につながっているのでは、と思い

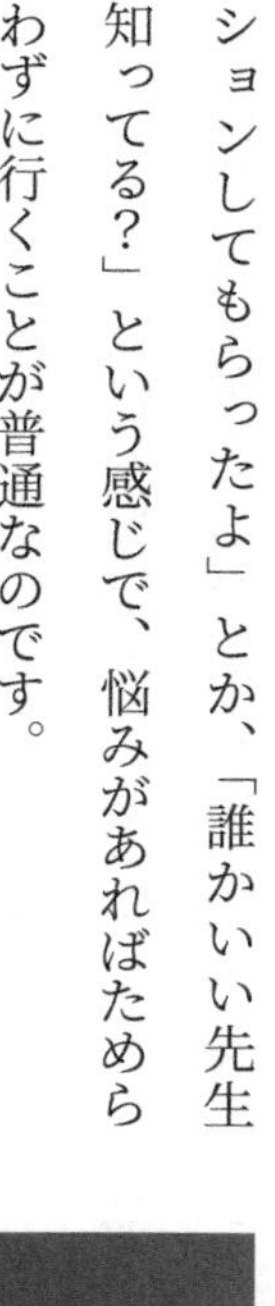

ます。

仕事に追われている方は、意識的にのんびり過ごしてみたり、楽しむための食事をしてみたり。スペインの良さを取り入れてみてはいかがでしょうか。

心と言葉と行動を一致させることで、波動が上がる

心と言葉と行動を一致させるためには、素直に感情を表現することが大事です。自分の意見を持ち、それを伝えることが重要です。

スペインでは自分の意見を持って話さないと、ただ聞いているだけになってしまいます。皆が話したがりなのです。だからこそ、スペイン人は自分の意見を持ち、それを言う

ことを怖がらないのです。

これは日本人にも参考になるのではないでしょうか。日本で生きづらさを感じる人には、外国に出て違う言語で暮らしてみることをオススメします。日本では言えないことも、外国では言えるようになることがあります。言い換えれば、「日本での人格とスペインでの人格を変えることができる」とも言えます。

もし、日本で生きづらさを感じているなら、外国で暮らしてみることが自分を解放するキッカケになるかもしれません。外国なら、あなた本来の自分が出せるかもしれません。

これは、心理学でも証明されていて、自分を解放するための手段として、違う環境に身を置くことはとても効果的です。日本での社会生活に息苦しさを感じているなら、外国で違う言語や文化に触れることで、自分の新たな一面を見つけることができるのではないでしょうか。

私の夢の一つは、スペインへの遊学、留学または長めの旅行を推進することです。親子での留学もいいですね。短期間でもいいので、海外の文化を体験することはとても貴重な体験になると思います。その候補地としてスペインはオススメです。

スペインは、多様な文化が入り混じっていて、それが当たり前。アフリカ系やアラブ系の人々、南米系の人々が多く、学校でも様々なバックグラウンドの子どもたちが一緒に学んでいます。

例えば、アラブ系の子どもたちはラマダンの断食をします。息子の友達にも断食をしている子がいます。こうした多様な文化を身近に感じることで、子どもたちは異なるバックグラウンドを持つ人を否定せずに受け入れ、違いを尊重することを学んでいきます。

私の子どもたちは、日本の学校に短期間通ったことがあります。

スペインの学校は6月末に終わり、夏休みになりますので、日本へ帰省し2週間から4

週間、日本の学校生活を体験させてもらいました。日本語は補習授業校で学んでいましたが、実際に日本の生活を体験することは全く違う経験でした。

子どもたちはその経験を通じて、日本の子どもたちの生活や日本の学校教育を理解し、異なる文化や考え方に触れることができ、違いを尊重し、共生することの大切さを学びました。

スペインのみならず、世界中から賞賛されている思いやりや礼儀を大切にする日本人の素晴らしい感性を大切にしながら、スペイン人が自然と身につけている自分の意見を持って、それをしっかり相手に伝える力を身につけること。感情をしっかりと味わい、表現して、心と一致する言葉を発し、行動をすれば皆さんの波動はどんどんと上がっていくことでしょう。

宮嶋純子ＳＮＳ

○Facebook
https://www.facebook.com/junko.miyajima.7

○インスタグラム
https://www.instagram.com/spainjunko?igsh=cTU3cnNtZzB5ZWNm

第 7 章

感謝と愛が
波動を上げる

～佐々木心江～

3歳児の心で生きる

はじめまして。佐々木心江と申します。

普段は、吉祥寺プライベートサロンでリンパマッサージや骨格ストレッチ、九星氣学、手相鑑定をしています。

私は、幼い頃から、両親にとって「いい子」を演じ、世間からもずっと「真面目に良い人」と言われるように生きることが幸せになる道だと思って生きてきました。

しかし学生時代は、イジメや仲間外れにされ友だちもいませんでした。

22歳で結婚し借金、鬱などいろいろなことが重なり、離婚をするという決断をしました。

自分の正しさの崩壊です！　正しく真面目に周りの人が喜ぶ生き方をしたら幸せになれると思いましたが、離婚という辛い体験を経験したことで、気がつくと生きづらく苦しい人生を送っていました。

そこで、自分の人生を新しい方向へ舵取りすることにしました。生き方を変えるにあたり、精神性を高めるためスピリチュアルを学びました。「エステ」の世界に入り、精神的にも経済的にも自立していきました。現在は、再婚し、吉祥寺でプライベートサロンを経営しながら公私共に、幸せと思える日々を送っています。

そのような経験をすることで、私は人生においてたくさんの考えと想いを持ちました。辛い経験をしましたが、すべての体験に気づきがあり学びがあって、今の私は「今が幸せ！」と言えます。

そのような日々を送っている私から、伝えたいのは、「人間が本来持っている純粋で好奇心旺盛な心を取り戻すこと」の大切さです。

私が辛い体験をして闇のように日々、空元気で生きてきた時のように、希望も愉しみもなくただ生活や家族のために、日々をやり過ごしてる方も多いと思います。いつも気を張っていて、正しく生きれば幸せになれると頑張りすぎて、呼吸も深くされていない人もいます。

本当に、尊敬しますが、私が問いたいことがあります。

心は泣いてませんか？

真面目に正しく生きることから「ネジを5本くらい」取り払って、もっと力を抜いて自分の心が喜ぶことを今この瞬間したら、きっと幸せを感じられると思います。

大人になるにつれて、頭と心が分離してしまうことがあります。

その結果、どんどん苦しくなり、心が自由を求めはじめます。すると頭は常識や金銭、時間的制約から行動を控えさせるため、本当にやりたいことができなくなり、行動力が失われていくようなことが起こります。

しかし、幸せに生きるには、３歳児のように自分の人生に素直で純粋な状態で生きることが大切です。幼い子どもたちは、この瞬間に全存在を捧げ、過去に囚われず未来を案じることもなく、人を裁く心も持ちません。

彼らはエネルギーに満ち、純粋な好奇心から常に新しいことを楽しみ、学び続けます。今この瞬間に生きています。

その状態で生きることで、波動が上がることになります。

本書では、さまざまな体験をし、３歳児のように自分の人生に素直で純粋な状態で生きることで、幸せな日々を送っている私から、「固定概念にとらわれず、３歳児のように自分の人生に素直で純粋な状態で生きていくコツ」はもちろんのこと、

・パートナーシップがより良くなる方法がわかるコツ
・子どもの才能を伸ばす子育てのコツ

をお届けします。

ぜひ、自分の人生を謳歌し続けたい人は読み進めてくださいね！

「こうすべき」を外そう

多くの人が、大人になると「～するべきだ」「～しなくてはいけない」と自分にも他人に厳しく接し、生きづらさを感じます。その結果、どんどん苦しくなっていきます。自分を責めたり、他人を責めたり、ネガティブなことをはじめてしまうためです。

この状態から脱するため大切なこと。

それは、「自分自身を優しく扱い、心とよく対話すること」です。子どもの時から、両親や学校の先生という学ぶべき周りの価値観を鵜呑みにします。まずは、自分の心や気持ちよりも、周りの環境や他人軸で生きてきています。

自分より周り重視。空気を読む優しい人って、いっぱいいますよね。

まずは、自分に優しくとは、いつも頑張ってる自分に「どんな時も味方になってあげること」です。

どんな自分も、「受け入れ、認めて、頑張ってるね」と自己肯定してあげてみてください。

「怒ってる自分も～　失敗した自分も～
執着しちゃう自分も～　飽きっぽい自分も～」

受け入れて認めて、許す。

すると、心が穏やかになって安心感が湧いてきます（笑）。私たちは、たくさんの体験・経験から気づき、学び、自分の長所・短所も受け入れることで、自分に優しくなれます。

自分に優しくなると、周りの人を見る目も優しくなります。勾玉（まがたま）のようにみんな得意・不得意は違います。完璧じゃなく自分らしくオンリーワンの魂なんです。陰陽、男性、女性、正反対の特質だから、補い和え、相乗効果が生まれます。

自分自身がご機嫌な心の状態で過ごせば、周りの人々までもが笑顔に包まれると、信じています。

たとえば、私は日常生活でどんなとき、どんな場所でも楽しみ、ワクワクした気持ちを持っています。一時的に機嫌を損ねても、今この瞬間を全身で味わい、明るい心を持つようにしています。なぜかというと、今を味わうと、心に安心が生まれるからです。

このような生き方を通じて、コンビニの店員やスーパーの人など他人であっても、関わる人すべてが自分の仲間のように感じられます。まるで地球で生きるすべての人が「大家族」のように、誰もが心の友人のように感じられるんです。

「嘘？　そんなことないでしょ？」と思うかもしれませんが、本当なんです！

そうなったのは、「～すべきだ」などの固定観念を取り外し、自分を優しく扱ったからです。

経験から学んだエネルギーを高める大切さ

今では、自分にも他の人にも優しい私ですが、以前はまったく逆の暮らしをしていました。

20代の頃、私はエステの仕事をしていました。もともと責任感が強かった私は、無理を重ねており、喉に違和感を抱くことが増え、しんどくなってしまいました。自分でいろんなことを抱えすぎていたのです。

リンパの流れを整えるエステを続けていくうちに喉の違和感は次第に改善されていきました。そのとき、自分の気持ちをストレートに表すことを意識するようにしました。すると、エネルギーが落ちることが減り、楽になったのです。

自分自身に素直にならず、どんなことも心の中だけで抱えているとエネルギーはどんどんとネガティブになり、溜まっていき、波動は落ちていきます。

まずは自分で自分をしんどくしていること。その結果、自分で生きづらくしていることに気がつきましょう。

自分自身の心に正直に生きることは、エネルギーを高めるため、とても大切です。

自分の状態さえ気づくことができれば、自分を変えることができます。

また先ほども話した通り、私は20代の頃に結婚と離婚を経験。30代で再婚を経験しています。

30代に第2子を妊娠した頃、私は仕事も家事も手を抜かず、完璧を求めていました。そういう自分でありたかったのだと思います。

すると3ヶ月検診で卵巣に8㎝もの嚢腫（のうしゅ）ができていると知らされ、帝王切開手術が避けられない事態となりました。

しかし当時、心理学の書籍を読んでおり、「自分で作った病気は自分で治せるかもしれない」と直感的に感じました。そこで毎晩、卵巣に手を当て「ありがとう」と感謝の言葉をかけ、光を想像するようにしました。

そうしていると1ヶ月後の検診では、奇跡的に嚢腫が消えていたのです。医師に賞賛されたこの体験から、私は宇宙の摂理を意識し、感謝の気持ちを持ち続けること。そして自分自身のエネルギーを高め続けることの大切さを身をもって実感しました。

感謝の気持ちを持ち、人と接することで波動が上がり、他の人たちに電波していくことを知りました。

その体験を仕事でもお客様にお伝えしました。その中の一人に子宮筋腫8㎝の方がいました。「自分で治せるかも」と言って、その方も毎日寝る前に手を置いて頑張った自分を肯定して「ありがとう」と願ったようです。

2か月ほど経った頃、なんと野球ボールの大きさだった筋腫がわからないくらい小さくなっていました。病院に行ったら、」「消えてはないけど、わからないくらいになったので手術はしなくていい」と言われたそうです。嬉しくて一緒に喜び、感動したことを覚えています。

「病は氣から」

本当にそう思いました。ボディケアの仕事をもう28年やってきて、たくさんの末期がんの友だちが奇跡的に完治する姿を見てきました。病気は、原因があって起こるけど、その原因は、きっと独りで頑張りすぎていたり、人には言えず悩んでいた気持ちだったり、辛い体験で心が身体に病として教えてくれているサインなのかもしれません。

そんな時は、独りで抱えこまず、心から話せたり、弱さを見せて助けを求めるのも必要だと思います。そして、一度も「身体さん」の内臓も休まず働いてくれて、自分の心と同じように大切に扱って「いつもありがとう」って言ってあげてください。たまには感謝してあげると喜んで復活してくれると思います。使いっぱなしは、肉体という入れ物だと思ったらお手入れもしないとポンコツになっちゃいますよね。

身体を定期的にマッサージしたり自己ケアしたり「ありがとう」と言ってみてください。

夫婦仲良しのコツ

私と夫はコミュニケーションを大切にしてきました。お互いの個性や価値観を大切にして、関係を築いてきました。家に帰れば心を解放できる居場所があり、寄り添い、支え合える空間があることに感謝です。

現在の夫とは、私が32歳の時に出会いました。会った瞬間になぜか、懐かしい安心感と親和性を感じ、お互いに魂の話もできる相手だと確信したのです。

実際、お互いの長所を活かし合い、短所も長所の一部だと受け入れているのが私たち夫婦です。

「自分がしてほしいことを相手にしてあげる」ことを大切にしています。

例えば、「理解してほしい！」と思えば、まずは理解するように努力します。でもすべてを理解をするのは難しいので、最終的に受け入れること・認めることだと気づきました。

そうすると、理解してもらえ、受け入れ認めてくれます。その結果、肯定感が生まれ自由に純粋にありのままでいられる家庭になりました。夫婦だからこそ、「自分の思い通りにこうなってほしい」というよりも、一番思いやりの心を持って、弱音も吐けることが必要です。

辛いときは、愚痴も言えて、人生を長く生きていくパートナーとして優しさをもっていけたら、仲の良い関係性をつくれるのだと思います。毎月必ず夫婦で話せる共有の時間を作ります。私が3歳児のように愉しく、いろいろなことにチャレンジできるのは、夫の肯定と応援があってからこそです。

また、夫婦の絆を大切にすることが、子育ても含めた家庭の基盤になると考えています。外では一生懸命頑張り、家に帰れば心を解放でき、安らぐ空間。そんな居心地の良い関係を目指しています。

些細な思いやり、気遣い、そして応援しあうことが夫婦円満のコツです。

子どもとの関わりのコツ

子どもは私自身よりも魂のレベルが高い存在です。

私は、子育ての過程で、自分なりの価値観で子どもを判断し、正そうとする時期がありました。

しかし、九星気学の学びにより、子どもには私よりも大きな魂の存在があると知り、子ども一人ひとりの魂の個性を理解する大切さに気づきました。

そこから、あくまで「良し悪し」で判断するのではなく、一人ひとりの考えや気持ちを受け止め、理解しようと心がけるようになりました。

ちなみに九星気学の教えによると、長女と夫は理数系で似た性格で同じＳＥの仕事をしています。長男は創造的、芸術的な側面を持っています。長男が10歳の時、素晴らしい絵を描きました。最初は、「どこで覚えたの？」と私たちは戸惑いましたが、長男は個性的な価値観をもっていて、直観力や自分軸を持っているので「尊重しよう」と思いました。

子どもには大人が想像し得ない想像力と可能性が秘められています。子どもは私たち大人を成長させ、新たな視点を与えてくれる存在なのです。今では、子どもの個性を尊重し、「一つのたくましい存在」だと敬うことが、健やかな成長にもつながると考えています。

何よりも大切なことは、「いつも味方でいるよ」と伝えることです。

子どもは親が味方でいてくれることを知れば、安心して自分の道を歩めます。安心感を持たずに前に進めば、不安で押しつぶされることがあります。しかし安心感があれば、子どもなりのやりたい道に、思い切ってチャレンジできます。親である私たちは、子どもたちの応援団ですね。

とはいえ、注意することもあります。メッセージを伝えるときは、子ども一人ひとりに合わせた伝え方をしましょう。同じ言葉でも伝わり方は異なります。その子に一番届くカタチは何なのかを模索することも大切となります。

あわせて、親が子どもに希望を持ってほしいのであれば、親自身も今生きることに喜びを見出し、希望を持ち楽しく生きている姿を見せることが不可欠です。子どもは親を見て育ちますから。

親がいろいろなことにチャレンジし楽しむ様子を見せることこそ、子どもに夢や希望を与え、前を向いて歩んでいけるよう後押しすることになります。

多くの方が口コミできてくださるスターシードサロン

プライベートサロンを始めて、25年になります。来てくださった方の身体のメンテナンスをさせていただき、元気に美しくなるボディケアマッサージをメインにしてきました。今では、無邪気に3歳児のように気を遣わず心も元気になってもらいたいと思って、九星氣学や手相鑑定、タロットリーディングをさせていただいています。

生年月日からその人の特質・才能・運気をお伝えするので、スターシードやアセンションを意識する方々が多く訪れるスピリチュアルサロンです。宇宙的な記憶を持つ子どもや、学校生活に馴染めない感受性の高い子どもたちが、自分らしい生き方を見つけられるようにサポートしています。

一般のお客様も、様々な体調不良でリンパマッサージやストレッチ、フェイシャルなど定期的に受けに来店されます。一人ひとりの状況に寄り添いながら、本来の自分に戻れるようアドバイスもしています。

プライベートサロンは、アットホームな安らぐ空間をイメージ。

5年前から突如、直観やインスピレーションなどを受け、自分の心と対話できる、見ていると安らぎ、元気になるような癒やし絵画を描きました。そのワンネスや内観できるイメージの絵を飾っています。

また、今年（2024年）に入り、ご縁から龍画の依頼がありました。それから夢で龍神さまが出てきて、それを描いています。メッセージを龍の絵に込めました。「愛と光と御守護の開運龍画」の制作に没頭しています。完成した作品から波動が上がって多くの人々に幸せを届けられることを願っています。

これからは、波動を高め合う仲間づくりをしてサポートしていけたらと思います。定期的にお茶会やワークショップなども開催していきます。

私たちが幸せでいるには、3歳児の心（素直な心）を持ち、自己肯定感を高め、本当の自分を受け入れることが大切です。このサロンでは、誰もが自由に素の姿で過ごせる居心地のいい空間を提供しています。

長所・短所を併せ持つ人間性全てを許容し合える関係を、みんなで築いていきたいと考えています。

私も様々な経験から得た気づきを、皆さんと分かち合います。

さいごに

大人になると、思考優先で生きてしまい、心配事が頭から離れなくなったり、不安に支配されたりして、「何か」をやらないことが多くなります。

しかし、子どもは目も輝き、いつも興味津々で、三位一体（心と身体と思考）が一致してすぐにやりたいと思ったらやれるいい軽さがあります。

また、今この瞬間を大切にいろいろなことに直観で行動することが未来、さらに波動を上げることになります。そして、魂が喜ぶ開運へと繋がります。

私は、多くの方に出会いたいと思い、様々な場所でたくさんの方と交流してきました。そうして50年以上生きてくると、みんな多くの体験、気づき、価値観、素晴らしさ、自分の制限を越えた出来事、捉え方があることを知りました。それらは私にとって学びとなり、自分の狭い視点から物事を見るのではなく、多角的な視点から見ることができるようになりました。

私にとって、どのような出会いも大切に想ってます。

「宇宙は、シンプル！」

本来私達は、パワフルな存在です。

私は頭でっかちになって、他人軸で周りに気を遣って頑張ってきました。でも子どもの時の無邪気に好奇心旺盛で恐れず、なんでもチャレンジしていた「ワクワク、ドキドキ」を誰しもが持っています。

「心が喜ぶことをやってみませんか？」

「何もやりたいことわからない～」という人は、「もし、あなたの命が余命一ヶ月だとしたらやってみたいことはなんですか？　行ってみたいところはどこですか？　会いたい人は誰ですか？」という自問自答をしてみてください。

またもう1つポイントは、「命が限られていることを意識すること」です。それを意識すれば、「本当にやりたいこと」が見えてきます。

皆さんは優しいので、いつも「家族のため、社会のため、奉仕やボランティア精神で生活のため」と頑張ってきたと思います。しかし今は時代も変わり、「正しく周りに合わせて生きる時代」から「軽かに自分らしく、楽しみ、面白がって喜びをみんなで分かち合って生きる時代」になってきてると私は思います。

私も離婚で、たくさんの自己否定をして、生きる希望をfなくしていました。自問自答しながら5年間どん底を味わったんです。でも「なんのために生きる？」という答え探しをして、わたしの存在価値は、自分が体験したこと、学んだことを人のお役に立て、サポートをして、出逢った人を心も身体も健康にしよう！　と感じました。

地球を楽しみ、たくさんの人と共感・共有しませんか？

ひとりでいることですら、とても夢中になってると波動が高い状態になります。ありのままの自分だからです。

しかしもっと波動が高くなるのは、

「人が共に共感・共鳴して、心が通じ合えたり、自分の中にある愛に気づいたとき」です。

私達は本来、愛を学ぶためにさまざまな個性豊かなオンリーワンの本質を持って、生まれてきました。長所を活かし、短所をサポートしてもらい、補い合い、助け合い、そんな心で繋がる仲間をこれからも増やしていくこと。それがどんどん波動を上げてこと。それらが、今後の地球に必要なことだと思います。

一緒に共有してくださる方がいたら楽しみましょう！　最後までお読みくださいまして、感謝しています。ありがとうございました。

感謝と愛をこめて　佐々木心江

佐々木心江プロフィール

プライベートサロンbody&mentalCareを25年間運営しています。

ご縁を大切に地球家族だと思って、【愛と光】を発信しています。私の波瀾万丈の人生の体験、気付きをシェアして、今を共に楽しい思考をお伝えしています。

【開運龍画】

龍体文字と組み合わせて龍画を愛と光を込めて描いています。

◆龍体文字

日本語が生まれる前（今から５６００年前）に神様が作ったと言われる文字で、１文字１文字に神様が宿っている強力な文字です。

見た人、龍画を持った人が愛と光に満ち、温かい気持ちになり、勇気と希望を与えられ、その波動の龍画が世界に羽ばたくようにＮＹ個展にむけて活動しています。

○お問い合わせ先（メール）
cocoro0930aihikari@gmail.com

○インスタグラム
https://www.instagram.com/invites/contact/?igsh=1xpjogh8yrhvz&utm_content=4jqwqdo

○スターシードcoco「宇宙ワールドな生き方」
https://www.coco-enjoy.com/?fbclid=PAZXh0bgNhZW0CMTEAAabjvQoXand2vuMeHcQYhlLORd2b0jKkvHBcwR6rgGuN8C_4NwzGgUjSwQs_aem_BzDvMOOCuqvF5xAkAPP

○スターシード「body&mental CARE」
https://kiyoe5963.wixsite.com/blessing

第 8 章

「世界は愛で
あふれている」
と気づいたときから
世界平和が始まる

〜氏家ほずみ〜

私はこの本で、「一人ひとりの心の平和というのはどういうことか」を考えるきっかけになれば良いなと思っています。私の願いは世界平和です。

いきなり世界平和と聞くと、あまりにも壮大なテーマのように感じる人も多いと思いますが、私が想像する世界平和とは、一人ひとりの心の中にあると思っています。どんな状況下でも、私は「世界は愛で溢れている」と確信しています。

そして、心の中にある平和や穏やかさ、自分を愛する気持ちが一人ひとりの心の中にあることが、世界平和につながると思っています。

私がなぜそのような考えに至ったかについて、お話しさせてください。

私が小学校の低学年の頃に、地元の養護施設でボランティアに参加したことがありました。最初は「何かしてあげよう」という気持ちで参加しましたが、一緒に折り鶴を折ったり手遊びをしたりしているうちに、とても楽しい気持ちになってきました。

他人を助けるつもりで参加したボランティア活動でしたが、逆に温かい気持ちになっている自分がいました。

『ボランティアって「してあげる」ことじゃないんだな』

と、この幼少期の体験で初めて気づきました。

高校時代は、生徒会長として生徒会活動に携わっていました。

高校生になると周りの級友たちは放課後、部活動に行ったり、お小遣いを稼ぐためにアルバイトへ行ったり、ショッピングや新作のスイーツを食べに行ったりしていました。しかし、私は仲の良い友人たちと一緒に生徒会本部役員となり、文化祭やイベントを企画運営することにのめり込んでいきました。

それぞれの活動には、必ずスローガンを掲げていました。生徒数何千人といる学校を小さな社会と捉え、「自分たちの思いで社会を変えられるんだ」ということを学びました。

生徒会活動は「学校全体のため、生徒のため」と思ってやっているつもりでしたが、結果として自分が得るものの方が大きかったのです。

そして、文化祭のようなイベントでたくさんの人が喜ぶ姿を見ると、なんとも言えない喜びを感じたのです。

人が喜んでいることを見ることが、自分の喜びに繋がるのだということを、この学生時代の経験から得ることができました。

これが私の社会貢献にめざめる第一歩でした。

人生を2回生きている　退職、そして新しい世界へ

30年間務めた教員としての生活。

退職を決断したきっかけは母の介護でした。

20年もの間、透析患者であった母は入退院を繰り返していました。教員としてどうしても時間制限のある勤務体制では、最愛の母に時間を割くことが難しいと感じていました。

そして公務員としての人生だけでなく、「起業家としてもチャレンジしてみたい」と思うようになっていました。

私が退職してから経った半年後、母は亡くなってしまいました。

毎日毎日泣いて暮らしていた時ふと、海が大好きだった母のために、『母に捧げる海の

絵を描こう』と思い立ちました。

画材を30年ぶりに買い揃え、一心不乱に海の絵を描きました。

その絵をたまたまＳＮＳにアップしたところ、「購入したい」と言ってくださる方がいました。これが私の画家としての人生がスタートした瞬間でした。

そして、実は高校3年生の夏、英文科に進むのか、美大に進むのか進路選択で悩んでいたことを思い出しました。

「絵を描くのが好き。でも絵で食べていくなんて到底無理だろう……」と当時、諦めたんです。30年の時を経て、自分の諦めていた夢がまた巡ってくるとは思いませんでした。

海の絵、ポーディングアート、覚醒アート、テクスチャーアートなど、画風も変化していき、現在は立体的に龍を描く3Ｄアーティストとして活動しています。今では王室・皇室の方々やインドネシアの王さまに絵画を贈呈できるまでになりました。

また、画家以外でも活動の幅を広げていくようになりました。

３００人以上が登録する女性限定のオンラインコミュニティ「福女の会」の代表として女性性開放のための講座や強運の引き寄せなどの講座を無料で開催しています。

２０２４年からは地上波テレビ番組での出演、雑誌掲載などメディア進出も始めました。教員時代と画家に転身した今の生活は、まったく違うものとなりました。見えている世界も変化しました。

私にとっては「人生を2回生きている」ような感覚です。

一番の変化は、私の価値観の変化にあります。

今までの私は「こうしなければならない」と常に思って生活をしていました。

「教師はこうあるべき」
「妻はこうあるべき」
「親はこうあるべき」
「母親としてこうあるべき」

というような固定観念に縛られて生きていました。

「〜すべき」を優先して、自分の心はいつも蔑ろにしていました。

今は自分の気持ちをもっと大切にして生きて良いんだと思うようになりました。それは「わがままに生きる」とは違います。

「本当の自分は何をしたいんだろう？」
「どのように人生を送りたいのだろう？」

自分の心に正直に聞いてみてください。

本当のあなたはどうしたいのですか？

または私のようにふとした時に、自分のやりたかったことを思い出す人もいるかもしれません。

そうは言っても、

「本当にやりたいことなんてできない！」

「○○さんみたいに時間もないし、自由になるお金もない」

「○○さんは良いよね。やりたいことができて」

などと誰かを妬んだり羨ましく思ったりする気持ちが湧いてくる人もいるかもしれません。

目の前にいる人は自分の合わせ鏡です。

もしあなたの心の中に、人を憎んだり妬んだりする感情が出てきたときは、本当は自分もその人がしているように振る舞いたい、そのようにしたいという願望が裏に隠れているだけなのです。

私たちはときどき、鏡に映る裏側を見て見ぬ振りをします。誰だって、醜い心を持った自分を認めたくないですからね。

でも、そんなとき無理やり、「こんなマイナスなことばかり考えてはいけない」「あの子を妬む自分が嫌だ」と自分を否定する必要はありません。そんなマイナスなことを考える自分がいることも認めてあげてほしいのです。

そういう自分も含めてまるッと包み込むように愛してあげてください。否定も肯定もいりません。ただただ、そう思う自分がいることに気づいて抱きしめてあげてください。そうすると不思議なことに、少しずつ気持ちが和らいでいくのがわかると思います。

自分の感情とうまく付き合うようになると、自分の心の中にある「小さな幸せ」に気づき始めると思います。辛いことも悲しいことも、自分に起こること全ては今の自分を作る要素の1つなのです。

つまり、「小さな幸せ」は私たちの心の中に、もともと「ある」ということなのです。私たちは普段、「ない」ことばかりフォーカスしがちで、「ある」ことに気づかないことが多いのです。

「ある」ことにフォーカスすると、実は自分の周りには愛で溢れていることに気づきます。「世界は愛で溢れている」と気づいたとき、心の中が温かいものでいっぱいになり、満たされていきます。この安堵感こそ、「心の平和」であると私は思います。

以前の私がそうだったように、「こうしなければならない」という固定概念を外し、意識を変えていくことで、心の穏やかさや自分を愛で包み込みたいという感情が生まれてきます。そうすると、自分の心の中が愛で満たされていくようになります。

自分の心が満たされていると、人に優しさを分け与えられます。ここで素晴らしい愛の循環が始まるのです。

その溢れ出した愛は、まずは自分の周りにいる家族や友人から始まり、自分に関わる地域社会へ、さらには国内から海外へと広がっていきます。

私が想像する平和な世界

私の好きな歌の一つに、ジョン・レノンの「イマジン」があります。この歌で彼は、ある世界観を表現しています。宗教や言語、国や国境を超えた、平和な世界を思い描いていこうと。それぞれが自分のために、今日のために、平和のために生きようと。そんな素晴らしい世界を歌っています。

私は教員時代、英語の教師として授業の初めに英語の歌を歌っていました。生徒たちにとっても、難しい文法を習う時間より英語の歌を歌う時間を楽しみにしてくれていました。「Heal the World」や「We Are the World」「Imagine」などをみんなで意味を考えながら歌いました。中学校の英語の教科書は、英語を学ぶだけでなく、世界の戦争や貧困問題、人種差別、環境問題など、さまざまな国の文化を学ぶきっかけにもなりました。

同じ地球に生まれて、住む場所が違うだけで、学校に通いたくても通えなかったり、食べ物がなかったり、過酷な生活をしている子どもたちがいることを知ってほしかったのです。

私たちが日々当たり前だと思っていることは、どこかの国では当たり前ではないのです。例えば毎日食べるご飯や清潔な水があること。暖かい布団で眠れること。不安なく朝を迎えられること。学校へ通えること。それらがいかに幸せなことかを感じてほしいと思っています。

私は教員時代、ずっとモヤモヤしていました。

発展途上国の子どもたちについて授業で触れるとき、「現状を知ってほしい！」と生徒に伝えていたものの、発信者である私が「知るだけ」で良いのか？　という疑問が出てきたのです。

「現地に行ってみたい、子どもたちに会いに行きたい！」。そう強く思っていましたが、仕事や育児、家事などを理由にして、なかなか実現しませんでした。

そんな私に転機が訪れました。

実際に発展途上国に行き、現地の子どもたちの笑顔を目の当たりにすることができたのです！

「学校に行けない3億人の子どもたちをゼロにしよう」という教育支援プロジェクトに出会えたことで、私は長年の夢を叶えることができました。

その教育支援プロジェクトでは、

・戦争のない世界

・貧困のない世界
・全ての子どもたちに平等な教育を

という大きな3つのスローガンを掲げています。
そしてこれが私が願っている世界であり、私の中で一つの信念となっています。

貧困を救う手段として、最も重要なこととして挙げるとしたら、「教育」だと思っています。発展途上国では、学校に行けない子どもたちが多く、物売りや物乞いをして生活する子どもたちがたくさんいました。

文字の読み書きや数字の計算ができないことで、将来的に職に就くことができません。親も同じように学校に行かずに育ち、子どもを産み、自分の子どもにも学校に行かせるという考えや選択肢がないのです。これが悪循環を生み出しています。

そして、全ての子どもたちが「食べ物を食べられる幸せ」を感じてほしいと強く思います。これは発展途上国に限らず、日本でも同じです。貧富の差が激しく、格差社会と言われる中で、お腹を空かせている子どもがいない世界の実現を目指しています。

私は今、その教育支援プロジェクトに加わり、教育を受けられる環境を整える支援活動を一緒にやっています。

寄付によって集められたお金で東南アジア、アフリカなど発展途上国の小学校や中学校などの校舎やトイレや手洗い場などの修繕、遊具の設置などを行い、実際に修繕された学校を訪問するドネーションツアーに参加することができました。私は退職後、２０２２年から主に東南アジア（スリランカやカンボジア、インドネシアなど）を数回訪問しました。

カンボジアの小学校に新しい手洗い場や貯水タンク、トイレと校門の壁の修繕、遊具の設置などをさせてもらいました。そして２０２３年、その小学校を訪問して、全校生徒から大歓迎を受けました。

「あなたのおかげで快適に学校生活を送ることができています。ありがとう」と、現地の言語で読んでくれました。小さなメモ帳に書かれた手紙も受け取り、胸が熱くなりました。

カンボジア（私が訪れたプノンペンの辺り）は就学率も高く、カバンや文房具もある程度揃っているように見えましたが、グラウンドで遊ぶ子どもたちの多くは靴も靴下もなく、裸足で走り回っていました。

物が買えない子ども、朝ご飯を食べずに登校する子ども、何時間もかけて歩いて通っている子ども。歩ける範囲に学校がある子どもたちは、まだ良い方でした。

しかし、子どもたちと実際に会って感じたことは、貧しい国の子どもたちが必ずしも不幸せではないということです。カンボジアやインドネシア、スリランカを訪れ、どの国の子どもたちも共通しているのは、笑顔なのです。子どもたちは物がない中でも、笑顔で幸せそうだったのです。

「貧しいから不幸せだ」という私の固定観念は、違っていたのです。物がなくても、分け与える気持ちや人を思う優しさが当たり前だったのです。

何かをしてあげようと思って訪れたのですが、逆に子どもたちの笑顔に心を打たれ、私は体中が温かな気持ちでいっぱいになりました。

日本では、物が溢れている一方で、子どもたちの自殺率は増加し、いじめ問題も無くなりません。物があるから幸せ、豊かだから幸せというわけではないのです。発展途上国の子どもたちの笑顔を見ると、物質的な豊かさと幸せは、必ずしも一致しないことに気づかされました。

「日本には物があふれて……」と書きましたが、一方で格差社会も問題視されています。貧困家庭の増加、家にいてもお腹を空かせている子ども、育児放棄やさらに虐待を受けている子どもたちも増えています。

報道で流れてくるこれらの痛ましい事例に心がえぐられる思いがします。勤務していた中学校では児童養護施設から通ってくる子どもたちもいました。施設で寝食を共にしながら生活をしています。

児童養護施設や児童相談所の数も圧倒的に少ないと思います。

子どもたちが安心して過ごせたり、お腹が満たされて、清潔な環境で生活ができる居場所作りも今後視野に入れていきたいと考えています。

今後の活動と最後のメッセージ

私の願いは「アートで子どもたちの笑顔を守ること」です。私はアートが世界を救うと本気で信じています。アートは無限大の可能性を持っているからです。

これまでは、東南アジアを中心とした発展途上国への教育支援が中心でしたが、今後はアフリカにも行きたいですし、国内でも活動をしていく予定です。

国内外含め、現地で子どもたちと触れ合い、一緒にアート活動をしていこうと思っています。

人生ってつくづく、不思議だなと感じます。

・アートを始めたこと
・教育支援の団体との出会い
・発展途上国の子どもたちとの触れ合い

これらは全て、この3年間で私の身の回りでスタートしたことです。そしてすべてを掛け合わせることで、私は今、願っている世界平和への思いを加速させ、夢がスルスルと叶い、次への行動ができています。

大きな課題に直面すると私は、自分の無能さやちっぽけな自分に心がへし折れることもしばしばあります。

しかし、何か1つ行動をすることで、自分の見えている世界が変わっていきます。初めの一歩は小さくても良いのです。

大切なのは「想像すること」です。

自分の心の中に光を見つけ、「こんな世の中になったら良いな」とか、「こんな自分になりたいな」とか、あれこれと想像することを楽しんでください。

「本当のあなたはどうしたいのですか？」

「何をしているとき喜びや幸せを感じますか？」

もう一度、自分の心に正直に聞いてみてください。

全ては想像するところから始まります。

私たちは「想像」して、「創造」して、自分で自分の世界を創っています。あなたに起こること、あなたがいる環境は全て自分が創っているのです。

あなたの心は今、平和ですか？

もしあなたが以前の私のように、もどかしい毎日を送っているのだとしたら、早くそこから抜け出してほしいのです。あなたが心の底から感じる安心感や穏やかな気持ちを感じてもらいたいと思います。

はじめの一歩を踏み出すのは変化も伴うので、確かに勇気がいることだと思います。私にとっては、それが離職という道でしたが、そんな大きな変化でなくても構いません。

小さな行動を起こしてみてください。

不安な気持ちは不要です。

どんな状況下でも、私は「世界は愛であふれている」と思っています。

「ない」を「ある」と気づくことで、「自分は愛されていたんだ」「愛される存在なんだ」と気づくと思います。

そして、自分で自分を思いきり愛してください。

自分は愛に溢れた存在だと気づくと、自然と自分以外の誰かに優しくなれます。優しさの連鎖が起きて、幸せや安堵、喜び、感謝のある世界へと行けるのです。

この素晴らしき世界。

愛に溢れたこの素晴らしき世界を、まずはあなたの心の中で創っていきましょう。

氏家ほずみプロフィール

30年間の中学校英語教師を実母介護のため退職。最愛の母の死を乗り越え、ふと30年振りに筆を握り画家へと転身。

世界平和を願い、国内はもちろん、発展途上国など各国を回りながらアートで子どもの笑顔を守るため活動を広げる平和活動画家。

【福女の会】代表

愛と豊かさと運を引き寄せる３００名以上が登録する女性限定オンラインコミュニティ

○作品紹介

https://hozumiujiie.com/

第 9 章

着物で人生に彩を。

～梅田来良～

私は長年、「着物」の知識を広め、たくさんの人にその大切さを伝える活動をしています。その目的は、「着物を着る」という日本の伝統的な習慣を広め、本来日本人が持っているメンタルを取り戻すことにあります。

着物を着ることで、品格があり自由に生きられるようになり、自分の人生を良くするためのチャレンジができるようになります。私はこの考え方を広めることで、周りの方々の「波動」を上げていきたいと願っています。

そこで今回、着物の価値と自身の経験を本にするチャレンジをしました。これも着物のおかげです。本書を通して、着物の良さが広まり、少しでも着物の素晴らしさを知ってもらえれば嬉しいです。

着物とは？

着物とは日本の伝統的な服装であり、その形は昔から変わっていません。流行による変化はあくまで柄や着物の種類の違いに過ぎず、昔から形は同じです。

着物を着る良さは、いくつかあります。

まずは着物を着ることで、人は自然と背筋を伸ばし凛とした佇(たたず)まいになります。そして、柄や着物の種類を変えることで、着る人はその都度新しい自分を表現できます。私は、着物を着ることで日本人本来の気品と自由な自己表現を両立できると考えています。

このように、私が着物を通して波動を上げようとする考え方は、伝統と現代を組み合わせたようなイメージです。少しでも着物について興味を持っていただけたら嬉しいです。

着物には、その着用する場面や目的によって決められたデザインやルールがあります。私は着物のデザインの意味や込められた思いについて、素人ながらもいくつか理解しています。

まず、着物の柄や色彩には、着用する場面に応じた決まりごとがあります。例えば結婚式では赤や艶やかな柄の着物が好まれる一方、お葬式では黒無地の着物が必要になります。もし場違いな色柄の着物を着てしまえば、無礼な印象になってしまいます。

また、着物の織り方や柄にも、製作された地域によって特色があります。沖縄では、伝統的な紅型という染色技法を用いて独特の柄が存在しています。着物には製作地域の文化や伝統が息づいているのです。そこも面白いですよね。

着物に込められた想いは、こうした着用シーンに応じたルールや、地域文化との関わり

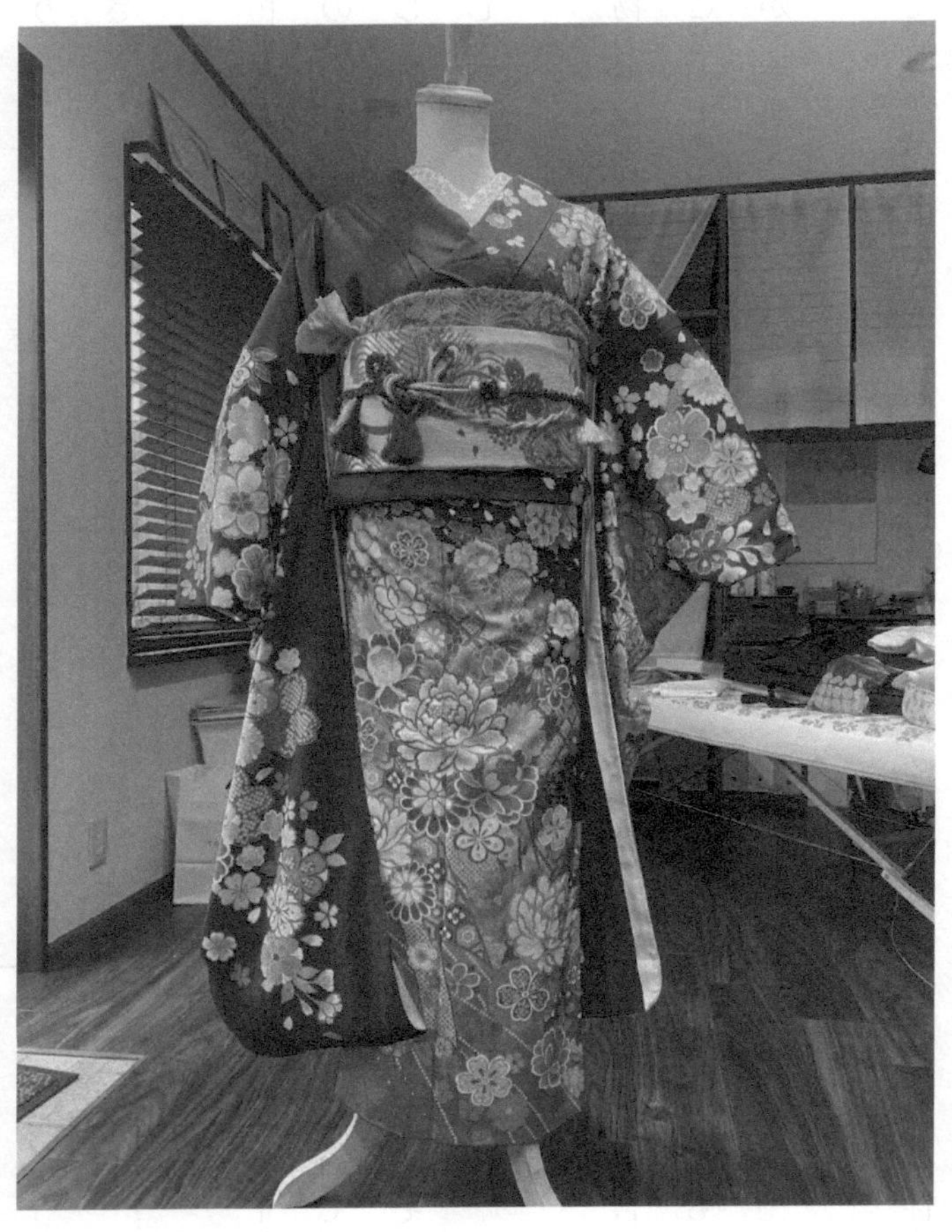

があります。着物一つを見ても、日本文化の奥深さを感じられますよね。このような日本の良さのひとつである着物文化を守り続けていきたいと思っています。

着物にはシーンに合わせた種類の違いもあります。訪問着は装飾が施され、パーティーなどの華やかな場面で着用されます。一方で、大島紬は品の良い小紋柄が特徴的で、普段のおしゃれ着として好まれています。このように、着物には目的に応じた種類がそれぞれ存在しているのです。

着物の種類は時と場合に応じて使い分けられており、着る人はその日の気分に合わせて選ぶことができます。TPOに合った着物を着ることで、社会に溶け込みながらも楽しむことができます。

例えば、私がお出かけ用に大島紬を選べば、古き良き雰囲気を出しながらも個性的な印象を持つため、おしゃれを楽しめます。一方で、華やかな席には訪問着を着ることで、着物の持つ雅やかな装飾美を表現できます。このように着物には、その種類に応じて異なる魅力や価値があり、着る人の存在感や気持ちをも豊かにしてくれます。

そして何よりも、着物を通して日本の伝統文化に触れ、着る人の気持ちを穏やかでまっすぐなものにしてくれます。つまり、着物には波動を高める力があると私は考えています。着物に込められたデザインの意味を知り、着る喜びを感じることで、自然と波動が上がるのではないでしょうか。

簡単に着物の価値について3つ挙げさせてください。

第一に、着物は人目を引く存在感があり、周りの人から注目されるということです。普段着とは違う着物を着ることで、とても目立ちます。

第二に、男性が着物を着るとかっこよく映ります。最近では男性の着物ファッションショーも開催されていて、ご夫婦でお揃いの着物姿は仲睦まじい雰囲気を出します。

最後に、着物は海外からも評判がよく、多くの外国人が着てみたいと思っているようです。日本独特な伝統的な装いへの憧れが大きな理由だと思います。

このように、着物には人を惹きつけるたくさんの魅力があります。そして何より、着物を身に纏うことで人は自然と背筋を伸ばし、凛とした気持ちになります。着物に宿る気品や品格に触れることで、着る人の波動が高まり、自分自身に自信を持てるのだと思います。着物を通して日本文化の素晴らしさを体感できるということ、それが最大の着物の価値なのかもしれません。

着物の魅力と自分の変化

女性にとっては着物を着ることで、「女性らしい凛とした佇まい」と「可憐な女性らしさ」を兼ね備えた魅力を出せます。

可愛らしい柄の着物を選べば愛らしい印象に、振袖なら颯爽とした若々しさを醸し出せるのです。しかし、どの着物を着ても、後ろ姿から伝わる凛とした気品に変わりありません。

そして私が何よりも着物を愛する理由は、着物を着ることで自分自身の意識が変わるからです。着物を着ると、自然と正々堂々とした感覚になり、ブレのない自分でいられるんです。良い意味で人格が整うような、そんな感覚を味わえるのが着物の魅力なのです。私はそこに、着物を愛でる最大の理由があります。洗練された品格と気品を宿しながら、可憐な女性らしさも表現できる。着物はそんな奥深い魅力に溢れた、日本の誇るべき伝統文化なのです。

私は日常的に着物を着るわけではありませんが、それでも特別な時には愛用しています。そんな時、私が着物を選ぶ理由は、人と同じような服装ではなく、自分だけの個性的な外観で過ごしたいからです。

周りと同化することなく、独特な存在感を出せることも着物の魅力です。実際、着物姿の私に声をかけてくれる人もいます。そして私自身も、「人に見られている、目立っている」という自覚を持つことができます。

つまり、着物を着るということは、単なるオシャレをするという次元を超えた、何かが宿っているのです。サラリーマンがスーツを着て洗練された印象を与えるのと同じように、特別な意味があるのかもしれません。

着物を身に纏うことで、非日常的な気分を味わえます。舞台に立つ役者が衣装を着るように、私も着物を纏うことで、日常とは別の、凛とした佇まいと気品ある雰囲気になります。

言い換えれば普段とは違う、別の自分へと生まれ変わるような体験ですね。それが私が着物を愛する理由の1つかもしれません。着物を通して非日常的な気分に浸り、日本文化の素晴らしさに触れられる、そんな特別な時間を大切にしています。

加えて、着物を纏えば人目を気にすることなく、むしろ周りから褒められることを喜びに感じられるようになります。「着物が素敵でとてもお似合いですね」と褒められれば、男女を問わず嬉しい気持ちになるはずです。

着物には、そうした日常とは違う特別な体験を感じる波動があります。しかし、そんな魅力を今の私が実感できるようになったのには、あるエピソードがきっかけとなっていました。

実は私は、元々着物が嫌いな子どもでした。実家が呉服屋だったこともあり、幼い頃から着物を無理やり着せられていました。お店の宣伝のために振り袖を着せられて写真を撮られたり、着物を無理に着せられるのが本当につらかったです。

結局、着物に対する拒絶心は成長するにつれて強くなり、中学・高校時代は一度も着物を着ることがありませんでした。

しかし、そんな中で私の着物に対する考え方を変える出来事がありました。

友人に誘われた着物の撮影会です。撮影されるのが好きだった私は、久しぶりに着物を着てみることにしました。

イベント会場で着付けをしてもらい、ヘアメイクまでしてもらいました。準備万端でカメラの前に立った時、不思議な開放感を覚えたのです。自然体で撮影に臨めた私は晴れやかな表情で写っていました。

「あれ？　着物ってこんなに楽しいんだ」

そう気づいた瞬間から、着物に対する考え方は一変しました。

驚いたことに、身体は幼い頃から叩き込まれた着物の所作を覚えていたのです。撮影中に自然と正しい所作ができ、着物の持つ魅力を感じたのです。撮影会をキッカケに、着物の魅力に気づきました。それ以来、着物の魅力に取りつかれるようになったのでした。

こうして、つらい思い出もありながらも、着物に対する私の気持ちは一転しました。今では着物に魅力を感じ、撮影会を楽しむことが増えています。着物に秘められた魅力を感じ取れるようになった今、ますます着物の虜になっています。

着物で繋がるご縁と楽しむ考え方

着物は単に自分の気持ちが上がる以外にも、人との繋がりが広がることもあります。撮影会以外にも、とある方から「着物が似合うから着てみたら?」とオススメされ、コンテストに出たこともあります。

一人ひとりの言葉は小さなきっかけに過ぎませんでした。しかし、友人から「着物がすごく似合っている」と言われたり、知らない人から「素敵だね」と褒められたりすることが多くなりました。

着て、みんなでお出かけをする」ことです。例えば、お食事に行ったり、お茶を飲みに行ったりと、気の置ける仲間と外出するのがオススメです。

また、私は着崩した格好は避け、生地の質感を大切にした正統な着こなしを心がけています。下に違うスタイルの服を合わせたり、レースなどの装飾を加えたり、モダンな着こなしはしません。私は伝統的な着こなしを好みます。

つまり、自分の着こなしスタイルを見つけ、それを楽しんでいるんです。日常的なファッションも、シンプルな服装を好む人もいれば、カラフルな服装を好む人もいますし、フォーマルな服装を好む人もいます。

それと同じように、自分の着物スタイルを見つけましょう。気の置ける仲間と自分の着物スタイルでお出かけしましょう。

着物との新たな出会いは、人との出会いでもあります。それだけでなく、着物を着ることで周りの人、が明るい雰囲気になることにも気づきました。

実際、着物姿の人を見かけると、見る者にも何とも言えない懐かしさと優雅さを感じさせてくれます。京都を歩けば、着物を日常的に着用している人たちを見ますが、違和感はありません。むしろ、そうした格好に心が和らぐのを感じます。

着物には、着る人だけでなく周りの人々の心も穏やかにする波動があるのかもしれません。

ここまでで、着物の魅力は伝わったかと思います。とはいえ、「どうやって着物を楽しめばいいのか、まだイメージできない」と思う人もいるかもしれません。

そういう人に伝えたい着物を楽しむオススメの方法をお伝えします。それは、「着物をそういう楽しみ方はいかがでしょうか？　あなたの波動が上がっていきます。

私は、着物を着ることで、人と人とのコミュニケーションが生まれ、新しいご縁が育まれていくことも大きな魅力だと感じています。着物が好きな仲間同士で着付けを教え合い、一緒にお出かけすることで、私たちは「着物の魅力」を分かち合うことができます。

一人で着物を着て歩いているよりも、仲間と一緒に着物で出かけた方が、より多くの触れ合いがあります。お互いに楽しみ合えば、着物愛好者同士の私たちの絆も深まっていくでしょう。

着物を着て街を歩けば、海外からの観光客に声をかけられることもたくさんあります。日本の伝統的な衣装に興味を持たれ、一緒に写真を撮らせてほしいと頼まれるケースもよくあるのです。

着物は確かに、普段着とはかけ離れた非日常的な装いです。しかし、それだけに海外の人の好奇心をくすぐり、私にとって良いコミュニケーションになります。見知らぬ外国人の人に声をかけられるのは、嬉しいものです。

このように見ていくと、私は着物には人々をつなげる力があるように感じます。着る人同士が心を通わせ、外国人とも文化の懸け橋になれます。伝統的な装いでありながら、人と人との新しい出会いを生み出します。

そんな着物の新たな魅力を、私は実感しているのです。

私はそのような着物体験を、特に40代以上の女性に届けたいと考えています。子育てを終えた世代の方々に、着物を通して新たな楽しみを見出してもらえればと思うのです。

子どもと一緒に着物ライフを楽しむのも、乙なものです。

お子さんの幼少期は着物を着るのが面倒に思えても、思春期を過ぎれば着物に対する見方が変わってくるものです。私がそうだったように。お酒落を楽しむ年代になると、着物への関心も自然と高まるでしょう。

歳を重ねるごとに、着物に触れるキッカケが増えていくはずです。

重要なのは、着物を着た自分を誰かに見せること。自分だけで楽しむのではなく、誰かと一緒に非日常の時間を過ごすことです。着物の仲間と一緒に出かけましょう。

誰かと着物を楽しむ経験がしていけば、波動も自然と上がっていきます。着物の持つ品格と優雅さに触れながら、着崩れしない所作を身につける。そうした着物を通して、気品と自信をもたらすに違いありません。

つまり着物は、人との繋がりを通して自分自身を磨き上げていく絶好の機会なのです。着物には、そこまでの奥深い魅力と可能性が秘められているのかもしれません。

梅田来良プロフィール

リッチウォーキング代表
M' クローゼット代表

・ウォーキングスタイリスト
『美上質production認定』
・golden balance walking公認講師
・姿勢アドバイザー、所作講師
・健康管理士一般指導員
『日本成人病予防協会認定』

・２０２１muse contest日本大会 ファイナリスト
・２０２０ミセスジャパン愛知大会エレガント賞受賞
・魅学アカデミー協会認定なでしこ大使

◯インスタグラム
https://www.instagram.com/meitian7711?igsh=N3U5c2syY3F5Zjd2&utm_source=qr

◯ＬＩＮＥ
https://line.me/ti/p/IZIr_7kUty

第 10 章

感謝で人生が変わる

～陣内裕大～

感謝の言葉で想いを伝え、波動を上げる

私がこの本で伝えたい言葉です。

感謝によっていろいろな人の自己肯定感を高めたり、伝えられなかった想いを伝えることで波動が上がってほしいと思っています。

私たちは、感謝の言葉を日常的に使いますが、当たり前すぎて意識しないこともあります。何を隠そう、私自身も人からの愛情に対して、感謝を表現できなかった経験があります。

とはいえ、今からでも遅くはありません。

私自身が、感謝の言葉を伝えることで、人生が変わったからです。

そんな私の経験を踏まえ、伝えたいメッセージである「感謝の言葉で想いを伝え、波動を上げる」という言葉を掘り下げたいと思います。

感謝の言葉の重要性に気づいたのは、とある出来事がキッカケでした。

私が、結婚式を挙げる時のとあるサービスの話です。

大学時代の友達の紹介で、私は「自分史」というサービスに出会いました。自分の人生を一冊の本にするサービスです。

彼は私に「結婚を機に自分史を作りませんか？」と提案してくれたのです。

正直、最初は「人生の終盤で作るのは良いけど、30歳で自分史を作るのは早過ぎないかな」と少し迷いました。

そこで私は感謝の印として、母親へ「自分史を作る権利」をプレゼントすることにしました。そうこうしているうちに、母親の自分史づくりが始まりました。

後ほどお話ししますが、私は何不自由なく母親から育てられましたが、どこか母親へモヤモヤした感情がありました。罪悪感を抱いていたというか、当たり障りのない関係だったのです。

今思えば、母親に感謝しかありませんが、当時は特別な感謝の感情はなく、自分史づくりがスタートしたのです。

私は、母親の自分史づくりに関わっていたわけではないので、どのように作っていたのかを知りませんでした。そして、結婚式が終わり、自分史作りが完成していました。

友達が仕上がった母親の自分史を私に送ってくれました。私は、どのような想いで何を書いたのか知る由もありません。

そして自宅に届いた包みを広げ、初めて中身を見ました。

自分史には、タイトルが付けられていました。

「64年間生きてきて、息子の結婚式が一番嬉しかった」

母親の名前・写真とともに仕上がった自分史を見た時、何十年も涙を流していなかった私の目から大粒の涙がこぼれ、止まりませんでした。

母親から愛されていたことを確信し、劣等感を抱いていた私は、「人生で最大の受容」を感じました。

「自分は、自分のままでいいんだ」

自分という存在を愛してくれ、すべてを受け入れてくれる存在が母親だったのです。小さな頃から愛してくれていたのですが、それに私が気づけなかっただけでした。

それを実感した私の自己肯定感は上がり、波動も同時に上がりました。

その時に、私はこう思いました。

「感謝の言葉のエネルギーは、その人の人生を変えるキッカケになる」

このような体験をしたからこそ、私は感謝の言葉の大切さを伝えたいと思いました。

「感謝の言葉で想いを伝え、波動を上げる」

この言葉が、一人でも多くの人に届けば嬉しいです。

感謝の言葉の力

とはいえ、なぜ私がここまで心が動いたのか、その理由をお伝えしたいと思います。

私は、幼稚園から小学校を卒業するまでずっと不登校でした。場面緘黙（ばめんかんもく）という症状を持ち、家族以外と話すことができませんでした。学校へ行っても誰とも話すことができず、それが苦しくてほとんど行かなくなっていたのです。

しかし、何とか人生を変えたいと願い、中学生の時に勇気を出して野球部へ入部したことがキッカケで、不登校から徐々に抜け出していきました。

当時、試合の時には恥ずかしくて親に見に来ないでほしいとお願いしていました。不登校の期間中、一切同級生と話していなかったので、試合に出て少しずつ人と話すようになっていく過程を見られるのが恥ずかしかったのです。それでも母親は試合を見に来ました。私の気持ちを察したのか、巨人の星のように遠くの電柱から試合を見守ってくれていました。母親の不器用さが可愛く感じられる出来事だと、今なら笑って言える良い思い出です。

当時の不登校になることは、今とは違います。ＹｏｕＴｕｂｅやＳＮＳもないため、まるで人生が終わったような感覚になり、「社会的に負け組」のようでした。それでも野球部に入ることで、少しずつ普通の中学生として馴染んでいきました。

高校に進学すると、自分を知っている人がいない環境で、また新たなスタートを切ることができました。

この経験を通して、母親の支えや愛情を実感しながら、少しずつ自分を取り戻していくことができたのです。

この時点で、無自覚でしたが人からの愛情を受け取ること、それをしっかり自分で感じることの大切さを知っていたのかもしれません。

しかし、私の中の劣等感は消えませんでした。

何か、自分を自分で１００％肯定できなかったのです。不登校だった自分を愛せませんでした。

そうして、感謝や愛情の大切さを徐々に知っていきながらも、私はいろいろなことを経験していくことになりました。

大人になり、私は自分の劣等感と無意識に向き合うことになります。外交的な人間のように振る舞ったり、自分の成長のために自己啓発のセミナーに参加したり、フルコミッションの営業職に就き自分の力を試したりしました。

そして、口では不登校の子たちに夢や希望を与えたいとか、世の中を豊かにしたいとか、綺麗事を言っていましたが、振り返ってみると、劣等感を消したいという気持ちがすべての原動力でした。

「すごいと思われたい」
「誰かから必要とされたい」
「認めてもらいたい」

という承認欲求で劣等感を埋めようとしていました。高収入でいい家に住んで、いいものを身につけて、優秀でないと自分には価値がないと思い込んでいました。

プライドが高くなり、同い年の他の人たちよりも稼いでいるという状況でしたが、根本的には自己肯定感が低く、本当に自信がある人はそんなことをしないだろうと感じていました。それでも人格者と思われたいという気持ちがありました。

しかし、セミナーでとあるワークを体験し、そこで親への感謝の気持ちが芽生えます。母親からの愛情表現は、直接的ではなかったかもしれませんがたくさん注いでくれました。一人暮らしだった私にお米を送ってくれたり、メールを送ってくれたりと、行動で愛情を注いでくれました。

ですが、それらのセミナーなどで抱いたこの感情も、私の劣等感を払拭するまでには至らなかったのを、大きく変えてくれたのが「自分史の母の言葉」でした。

言葉で愛情を感じた時、その言葉自体がこんなに嬉しいのかと実感した瞬間でした。それまでの私は、親からの愛情を期待していた部分がありました。相手に期待をして、その期待通りにならなかったことで、「自分は愛されていない」と勝手に劣等感を抱いたのかもしれません。

母の自分史を見たとき、母親の人生や私への愛情を知ることができました。母だけでなく、すべての人がいろんなストーリーを持って生きていることに気づかされたんです。自分の命に価値がないわけがないと思えたのは、母親がつくった自分史のおかげです。

不登校であろうと、無一文であろうと、この命には生まれた瞬間から価値があると感じました。それが大きなギフトとなりました。

自己肯定感の低さや劣等感を埋めようとする必要がなくなりました。おじいちゃんやおばあちゃんからつながれてきた命に価値があると気づいたからです。

感謝の言葉を伝える手段「絵本」

母親からの感謝の言葉や愛情を受け取ることで、自分を受け入れられるようになりました。これが自己受容の大きなキッカケになり、生まれてきてよかったと思えるようになったんです。

その経験があったからこそ、今、絵本事業に挑戦しようと思っています。

挑戦しようと思えたのは、親からの感謝の言葉が理由です。

絶対的に愛してくれる人からの愛情は、必ずあなたの人生を受け入れてくれます。

そして、人生を前向きに進む勇気となります。あなたの波動が変わるんです。

ご存知の通り、私も母親もお互いに愛情も感謝もありましたが、それを伝えられていいなかったんです。プライドや照れくささが邪魔をしていたのかもしれません。

でも、自分史がそれらを壊してくれました。自分史は、直接言わずに郵送で届けるため、伝えやすいのです。このようなサービスがあれば、もっと多くの人が大切な人に伝えたい言葉を届けられるのではないかと思いました。

それから、絵本のサービスを作りたいと思うようになりました。自分史は素晴らしいサービスだと思いますが、相場だと30～50万円ほどかかるため、気軽に送れるものではありません。もっと記念日の贈り物として気軽に送れるようにしたいと思いました。

そこで1万円以内でできる形にして、今のオーダーメイド絵本のサービスを作りました。この絵本は、まるでラブレターのようなサービスなんです。

オーダーメイド絵本には、自分史をキッカケに照れ隠しでもいいから、感謝の言葉を伝え合うサービスを作りたいという想いを込めました。

私が伝えたいのは、照れ隠しでもどんなカタチでもいいので、大切な人には愛情を伝えてほしいということです。

あなたの愛情は、必ず相手へと伝わります。しかし、行動でも言葉でも何かを使わなければ、なかなか伝わりません。

それらを伝えられていない人が多いと思います。

私は、伝えることで心がスッキリする経験をしました。直接言うのは恥ずかしいけど、絵本なら気持ちを素直に伝えられる。手紙だと重く感じるかもしれないけど、絵本ならちょうどよく伝わる。伝えないままでいることが、もっとも後悔することではないでしょうか。

言葉は最高のプレゼントだと思います。母の日に花を送ったり、父の日にネクタイを送ったりするのも素敵ですが、本当に必要なのは言葉です。

私は照れ隠しで花やネクタイを送ることが多かったです。でも、心からの「ありがとう」を伝えることが大切だと気づきました。

母の日にお花を送るのもいいですが、「あなたが母でよかった」「自慢の母だよ」「産んでくれてありがとう」といった言葉を添えることで、より愛情が伝わり、あなたも受け取る人も波動が高まります。

多くの人が「とりあえず花でいいか」と思いがちですが、それは逃げているだけかもしれません。私自身もそうでした。大切なことは、直接言葉で伝えることです。電話でもいいし、直接会って話すのが一番いいと思います。

私の母はキティちゃんが好きなので、ご当地キティやお花を毎年贈っていました。でも、去年の誕生日に小さくなった母の背中を見た時、「あと何回、誕生日や母の日を迎えられるのだろう」と感じました。

その時、心の中で「本当に渡すべきなのはこれではない」と強く感じました。本当は「産んでくれてありがとう」と言いたかったのですが、言葉にできませんでした。

プレゼントを贈るのもいいですが、何よりも大切なのは心から出る素直な言葉です。自分なりの方法で、恥ずかしいながらも一歩を踏み出すことが大切です。直接伝えられないからといって、それを無理に克服する必要はありません。自分に合った伝え方を見つけることで、相手に伝わる感謝の言葉が出てきます。

愛情で自己肯定感が上がる

自己肯定感というのは、親から愛されていたという実感や感覚がある人に強く現れると思います。私は昔、不動産会社で人事のポジションを担当していました。

たくさんの人と接する中で感じたのは、多くの問題の根本には「寂しさがある」ということです。寂しさが承認欲求を生み出し、それが人間関係のトラブルを引き起こすのです。

意見を言える人は自己肯定感が高いと思います。一方で、自己肯定感が低い人は寂しさを抱えており、それが良くない人間関係のキッカケを生みます。この寂しさは一時的に他人からの愛情で埋められることもありますが、根本的な解決にはなりません。

私はカウンセリングをしていた時期もありました。そこで知ったのは、多くの人が親子関係に問題を抱えていたことです。親から愛されている実感がない人が多かったのです。日本人の自己肯定感が低い理由の一つには、愛されていることが伝わっていないという問題があると思います。

愛されていることの実感があれば、たくさんの人が自分の命の価値を自分で肯定できると思います。それが結果として自己肯定感の向上につながるのです。私自身もそうでした。親から愛されていたという実感が、自分の命の価値を知るキッカケとなりました。

私が絵本のサービスをやっているのには、目的があります。それは、一人ひとりが愛情を受け取って伝えることで、愛していることの証明となり、受け取った人にとっては愛されていたことの証明になる、ということです。

受け取った人の自己肯定感によって、その肯定感が寂しさを埋め、心が豊かになります。その結果、心に余裕ができ、人に優しくすることができるようになります。波動的な観点から見ても、波動が確実に高まると思います。

私が、この本の最初に書いた言葉である「感謝の言葉で想いを伝え、波動を上げる」というのは、本当の意味で人から肯定され、他人を肯定することになります。

感謝を伝えることは、それだけ波動が高い行動なんです。

もしあなたが今悩んでいることがあり、自分を卑下しているのであれば、あなたなりのやり方でお世話になっている誰かに感謝を伝えてください。

できれば両親がいいと思いますが、いろいろな事情で伝えることができなかったら、あなたの身近にいる人でもいいと思います。

少しでも感謝が伝われば、あなたの波動が高くなります。すると、必ずあなたの人生は変わっていきます。

感謝の言葉であなたの人生が変わるキッカケになれば、幸いです。

第 11 章

波動を上げたければ、笑顔でいなさい

～安福きよ子～

人生が幸せな方向へシフトする

はじめまして、安福きよ子と申します。私は、この本の中で伝えたいことがあります。それは、「笑顔で人が幸せになる」ということです。

私たちは「幸せを感じ取れる感性」を持つことで、世の中はもっと明るく温かい世界になると信じています。そんな人が増えると、もっと温かい世界になりますよね。ネガティブな発言や愚痴ばかり言う人の近くにいると、「しんどい」と感じます。

私たちは日々、さまざまなことを体験します。その出来事自体は変わらないかもしれませんが、それに対する反応は自分自身で選択できます。「仕事で失敗した」という出来事は、ネガティブなことかもしれませんが、ある意味では「今後の失敗を先取りして学んだ」とも解釈できます。

これが「幸せな方向にシフトする」「変化する」ということの本質だと思っています。

幸せな方向にシフトするとは、何かの出来事に対する捉え方や視点を変えることです。嫌な出来事に直面しても、それをいつまでも恨んだり悲しんだりするのではなく、その出来事を通じて何かに気づいたり、自分が成長するためのキッカケとして「見てみる」のです。

例えば、SNSや日常生活での誹謗中傷や愚痴に対して、その言葉に傷つき、心が乱れたとします。しかし、幸せな方向にシフトすることで、その言葉に対する自分の反応をコントロールし、ポジティブな視点で捉えてみます。

「この出来事があったからこそ、自分が成長できた」

「新しい視点を持つことができた」と考え、感じてみるんです。

視点を変えることは、私たちが思っている以上に大きな影響があります。感情の受け取り方が変わり、行動が変わるためです。嫌な出来事を一つの側面だけでなく、複数の角度から見ることで、新しい気づきを得ることができます。これにより、ネガティブな感情にとらわれず、前向きな行動を取ることができるようになります。

ポジティブな出来事も同じです。楽しかったことは、より楽しかったことに視点を変えることができます。すると、より人生の幸せなモノを見れるようになります。

私たちが日々の出来事に対する感情や反応をポジティブにシフトすることで、SNSや日常生活での誹謗中傷や愚痴が減り、温かい世界を実現するための一歩を踏み出せるのです。この本を通じて、読者の皆さんがその一歩を踏み出し、幸せな方向にシフトしていくことを願っています。

幸せな方向へシフトするためのやり方をお伝えできればと思います。まず、「捉え方は一つではない」と気づくことが大切です。起きている出来事は「すべて自分のために起きている」と捉えることで、物事の見方が変わります。

たとえば、嫌な出来事があっても、それを「自分にとって成長の機会だ」と捉えることができますよね。もちろん、最初はそのように思えないかもしれません。無理にポジティブに考えようとする必要はありません。

むしろ、最初は「なんでこんなことが起きたのか」という怒りや悲しいという感情を感じることも大切です。

その感情をしっかりと感じた上で、「どうしてこの現象が起きたのだろう?」「なぜ怒りや悲しみが沸いたのか」などと視点を変えてみるのです。

こうしていくうちに、ポジティブな視点で捉えることができるようになります。

笑顔が成功やチャンスを引き寄せる

次は「笑顔が成功やチャンスを引き寄せる」というテーマについて考えてみたいと思います。

私たちは日常生活の中で、知らない人と接する機会があります。その時に、険しい顔をしている人と笑顔の人、どちらが魅力的に見えますか?

もちろん、笑顔の人ですよね。笑顔の人を見ると、自然とこちらも嬉しくなり、気分が良くなります。

自分がむすっとした顔をしている時と笑顔でいる時、この二つのパターンを比較してみると、大きな違いに気づきます。笑顔の人は周りから好意的に見られ、話しかけやすい人になります。

たとえば、困っている人が誰かに助けを求める時、笑顔の人に声をかける確率が高いと思います。当たり前ですよね。険しい顔の人には話しかけにくいものです。

笑顔でいることで、自分も周りの人もポジティブな気分になります。逆に、むすっとしていると、周りの人にもネガティブな影響を与えてしまいます。このように、笑顔でいることが成功やチャンスを引き寄せる要因となるのです。

私自身の経験を振り返ると、小さい頃にご近所さんに可愛がってもらえたことを思い出します。笑顔でいることで、自然と周りの人から愛される存在になれたのです。

愛嬌のある子どもは可愛がられるものです。逆に、不愛想な子どもは少し取っ付きにくく感じることもあります。笑顔でいることで、周りの人たちが話しかけやすくなり、自然と良いことを引き寄せられます。

また少し大袈裟かもしれませんが、社会貢献や地域貢献、困っている人を助けることにも繋がっていると思います。

笑顔でいることで、困っている人が気軽に助けを求められるようになると思います。道に迷って困っている人が、笑顔の人に声をかけることで、道案内をしてもらえるかもしれません。

笑顔でいることで、助けを必要としている人にとって頼りになる存在になれるのです。

そう考えたら、すごいと思いませんか？

私たちが笑顔でいることは、自分自身のためだけでなく、周りの人たちにも良い影響を与えることができます。笑顔でいることで、周りの人もポジティブな気分にさせ、より良い人間関係を築くことができます。

気持ちが落ちている人を見て、エネルギーが低いなと感じたことはありませんか？元気がなさそうだったり、怒っている人だったりする人たちは、波動が高いと思えないですよね。逆に、見るからにで元気そうに見える人は波動が高く、エネルギーに満ち溢れているのです。

波動とは、エネルギーと言い換えることができるかもしれません。「嬉しい」や「楽しい」という感情がプラスに動いているときも、波動が高いと言えます。明るくて、活動的な人は、エネルギー波動が高い人かもしれません。

人だけでなく、場所や物にも波動は存在していると考えています。大切にされている空間や物は、波動が高いと感じることがあります。古くても大切にされてきたものや、清らかな空気が感じられる場所などがそうですね。

自然の中も同じです。街の空気よりも波動が高く感じられます。森や林、滝の近くに行くと、癒される感じがします。手入れされた神社も波動が高いと感じられる場所の一つですね。

そういう場所にいると、自然と心が整います。

一方で都会は、人の負のエネルギーを多く感じてしまいます。もちろん「都会」というだけでそう判断はできませんが、疲れた人が集まる場所では特にネガティブな空気感を抱きやすいと思います。

自分の波動を高めようと思っても、良い影響を受けにくいんです。そのため、自然の中や大切にされている場所に足を運ぶことが、波動を高める一つの方法となります。

「相手への思いやり」という点も、波動に関わっていると思います。思いやりを持たず、相手に無愛想な態度を取ったり、失礼な行動をしていたりしたら、お互いに波動は下がっていきます。

近頃、「自分の好きなことをやって」「自分らしく生きる」といった自己啓発的なメッセージが溢れていますよね。これ自体は悪いことではありませんが、それが「何でも言っていい」「我慢しないで生きる」という誤解を生むことがあります。

まるで「自分勝手に生きていい」「ワガママでいい」のように。たしかに我慢しないで生きることは大切ですが、そこには必ず相手への思いやりが前提だと思います。思いやりのない感情のぶつけ方は、波動を下げる原因になります。

若い世代の方にこのメッセージを伝えるのは、自己表現と他者への思いやりが両立する社会であってほしいからです。思いやりを欠いた行動は、自分の波動を下げるだけでなく、相手の波動も下げることになるためです。

波動が下がる要因の一つとしては、愚痴をこぼすことも挙げられます。愚痴を聞かされた相手は、多くの場合、気持ちが沈んでしまいがち。これも相手への思いやりの欠如と言えますよね。もちろん、愚痴を言いたい気持ちも理解できますし、それ自体が悪いわけではありません。ただ、聞いてくれた相手に対する感謝の気持ちがある人は、愚痴を長々と話すことはありません。

相手が不快に感じない程度に、自分の気持ちを整理するためであれば、愚痴を話すこと自体はいいと思います。

笑顔で波動が上がる

少し極端な話かもしれませんが日本の文化では、お葬式で笑顔を見せることは少ないと思います。しかし、笑顔によってその場の雰囲気は一転すると思います。

一般的に、お葬式では皆が暗い顔をして涙を流すことが多いでしょう。しかし、もしそこに笑顔があったらどうでしょうか？　お葬式で笑っていると、「何を笑っているの？」と不思議に思われるかもしれません。でも、笑顔が与える波動の上昇はたしかなものです。

私自身は、自分のお葬式では皆が笑顔でいてほしいと思っています。なぜなら、私が亡くなったときに悲しんでほしくないからです。できれば、お葬式を同窓会のような雰囲気で楽しんでほしい。死が悲しいものという前提ではなく、残された人たちが笑顔で過ごせる場であってほしいんです。

たとえば、90歳を超えて亡くなる場合、多くの人は「十分に生きた」と思い、悲しみが少ないかもしれません。しかし、若い方が亡くなった場合は、悲しみが大きいのではないでしょうか？　それでも、私自身が亡くなったときは「皆が笑顔でいてくれたら」と思います。

自分の死後にみんなが悲しんでいると、私自身も悲しくなります。だからこそ、笑顔で見送ってほしいですね。波動を考えると、笑顔でいることが自分の波動を高め、周囲の人たちにも良い影響を与えます。

笑顔で波動を上げることができれば、自分のエネルギーだけでなく、周りの人にも良い影響を与えます。笑顔の持つ波動の力をもっと積極的に取り入れていくことが大切です。

死後の波動について考える機会は少ないかもしれませんが、実はとても重要なテーマです。普段、波動やエネルギーについて語るとき、生きている間やこの世に存在していることが前提で話します。しかし、お葬式の場面になると、亡くなった後の波動についても考えざるを得ません。

多くの場合、死後の波動は故人のものとされることが多いですが、実際には残された人の波動も大きく影響を受けます。悲しみの場は重たく、沈んだ空気が漂います。一方、笑いのある場は軽やかで心地良いものです。

悲しみが長引けば、周りの人もその影響を受け、気を遣わざるを得なくなります。

波動が下がるデメリットについても触れておきましょう。波動が下がると、行動が制限され、無気力になり、生活そのものが楽しくなくなります。特に、大切な人を失った後の悲しみは深く、何も手につかない状態が続くこともあります。これが長引くと、日常生活でも波動が下がり続け、全体的にエネルギーを失ってしまうのです。

一方で、笑顔には人の優しさを引き出す力があります。笑顔で過ごすことで、自然と相手も笑顔になります。そして、笑顔になることで気持ちが穏やかになり、心が軽やかになります。他人への気遣いや優しさとして現れ、「何か手伝おうか」といった行動につながります。

たとえば、「お茶を淹れようか」といった些細な行動でも、それが優しさの連鎖を生みます。やってもらった側は気分が良くなり、今度は他の誰かに対して同じように優しくしようという気持ちが生まれます。このように、小さな優しい行動が連鎖していくと、社会全体が優しさで満たされるのです。

身近な行動の中にこそ、真の優しさが隠れていることを忘れずに、日常生活で実践していくことが大切です。

笑顔が広がっていくことで、「より優しい社会が実現するのではないか」と強く感じます。

笑顔には、良い人間関係を築く役割があります。たとえば、会社の同僚やママ友、ご近所さんとの関係においても、笑顔は親しみやすさや優しさを作り出して、良いコミュニケーションにつながります。

人と接するときに笑顔でいることで、相手の警戒心を緩め、話しやすい雰囲気になります。笑顔は、他の人との距離を縮め、信頼感を生むんです。誰しもが社会との結びつきを持っている中で、笑顔が果たす役割は非常に大きいんです。

最後に、笑顔でいることの大切さを忘れずに、日々の生活の中で実践してみてください。笑顔がもたらすプラスの影響を実感しながら、自分自身の波動を高めていくことをオススメします。

安福きよ子プロフィール

愛知県で三人兄弟の真ん中、次女として生まれる。幼少期は目を離すとどこかへ行ってしまうという、じっとしていられない子どもでした。

弟が生まれた頃より、男児は望まれる存在なのだと知り、次女である自分はどうでもいい存在なのだと思うようになる。

実家が自営業で両親が朝から晩まで仕事をするなか、祖母と多くの時間を過ごし、戦争の話や自分がいかに恵まれているかということを教えてもらう。

結婚、子育てをきっかけに、世間の常識や正解を求めるようになり生きづらさを覚える。

自身の心身の不調により、変わらなくてはいけないと思い、多くの本を読み実践していくことで変化し、外へ学びを広げていった。

現在は、イベント主催、講師、ヒーラーとして活動している。

○インスタグラム

https://www.instagram.com/catherinekiyo?igsh
=MXI0Z2prdGo2NmI5dg%3D%3D&utm_source=qr

あとがき

改めて、本書をお読みいただき、ありがとうございます。いかがでしたでしょうか？多種多様な波動を上げる方法が書かれていたと思います。あなたが気になった方法はありましたか？

今の世の中、真面目で優しくていい人がたくさんいます。しかし一方で、自分らしくない生き方で、本来の自分を制限してしまって息苦しい人も多いはずです。

本書は、そういう人たちの気づきの1つとなっていただきたく、出版いたしました。波動を正しく理解し、コントロールすることができれば、誰でも一瞬で波動を上げることができます。

そして、波動が上がれば、自分が幸せになるのはもちろん、家族や友人も幸せになっていきます。

そんな優しい世界を連鎖させてみませんか？

この本をキッカケに、あなたの波動が上がることを願っております。

もしもっと波動を上げたいと思った方は、アセンションプロセスの公式ＬＩＮＥを友だち登録してみてください。

さまざまなイベントやお話会を定期的に開催して、波動を高めています。

またみなさんとお会いできることを楽しみに待っております。

アセンションプロセス

[著者プロフィール]

アセンションプロセス

波動を高め合うコミュニティ「アセンションプロセス」が運営する出版レーベル。

・風の時代の働き方と在り方
・自分らしさを発揮する
・調和した優しい世界
　などを伝えています。

○アセンションプロセスＬＩＮＥ
https://liff.line.me/1645278921-kWRPP32q/?accountId=ascension

○見るだけで波動が上がる「アセンションＴＶ」
https://m.youtube.com/channel/UCm_Y1MIcP8hfTXaTZj_TKaA

○アセンションプロセス「インスタグラム」
https://www.instagram.com/ascension.process/

ライトウォーリア11

～地球の波動を上げる11人の戦士たち～

発 行 日 / 2024年11月11日 初版第一刷発行

著 者 / アセンションプロセス

制 作 / UTSUWA 出版

〒906-0013 沖縄県宮古島市平良下里1353—10

HP : https://utsuwashuppan.net/

発 行 / 合同会社 Pocket island

〒914—0058 福井県敦賀市三島町1丁目7番地30号

mail : info@pocketisland.jp

発 売 / 星雲社（共同出版社・流通責任出版社）

〒112-0005 東京都文京区水道 1-3-30

電話 : 03-3868-3275

印刷・製本 / 株式会社ウイル・コーポレーション

落丁本、乱丁本は送料負担でお取り替えいたします。

ISBN 978-4-434-35051-1 C0011